ZHONGGUO HONGGUAN JINGJI JICHU YANJIU
——ZHULVZHANG JINGJIXUE LUNWENJI

中国宏观经济基础研究
——朱律璋经济学论文集

朱律璋　著

经济日报出版社

图书在版编目（CIP）数据

中国宏观经济基础研究：朱律璋经济学论文集/朱律璋著．--北京：经济日报出版社，2019.1

ISBN 978-7-5196-0452-3

Ⅰ．①中… Ⅱ．①朱… Ⅲ．①中国经济-宏观经济分析-文集 Ⅳ．①F123.16-53

中国版本图书馆 CIP 数据核字（2018）第 292593 号

中国宏观经济基础研究——朱律璋经济学论文集

作　　者	朱律璋
责任编辑	张　丹
出版发行	经济日报出版社
社　　址	北京市西城区白纸坊东街 2 号 A 座综合楼 710
邮政编码	100054
电　　话	010-63567684（总编室）
	010-63538621　63567692（发行部）
网　　址	www.edpbook.com.cn
E - mail	edpbook@sina.com
经　　销	全国新华书店
印　　刷	北京建宏印刷有限公司
开　　本	710×1000 mm　1/16
印　　张	11.375
字　　数	160 千字
版　　次	2019 年 3 月第一版
印　　次	2019 年 3 月第一次印刷
书　　号	ISBN 978-7-5196-0452-3
定　　价	36.00 元

前　言

本论文集将从供给侧结构性改革、国有企业改革、市场化机制建设等九个中国经济发展的热点专题出发，以研究论文的形式初步探索中国经济发展的内在问题与解决方案。在分析中国经济运行规律的同时为广大读者提供经济学研究的启发。本书由北京大学朱律璋同志著，书中难免存在不足之处，恳请读者批评指正。

目　录
CONTENTS

第一篇

对人的自由与资本自由的马克思主义政治经济学内涵及现实意义的探究

【摘要】“人的自由”与“资本自由”是马克思主义政治经济学的研究的本质要义。马克思主义政治经济学作为经济学的重要组成部分，以历史唯物主义为根本研究方法，其对于自由观的理解具有独特性，专业性与时代进步性。在探究历史唯物主义理论中生产力和生产关系的辩证关系基础之上，进一步探索微观个体“人的自由”与宏观总体“资本自由”的意义，有助于我们对马克思主义政治经济学具备更深入的理解，并推动我们运用所学理论为当下经济发展提出新的想法与主张。我国经济发展进入新阶段的当下，为形成中国特色社会主义政治经济学创造新的思想，应全面运用马克思主义政治经济学研究“人的自由”与“资本自由”辩证关系的优势并将这种全新的自由观投射于现代生活的方方面面。

【关键词】马克思主义政治经济学，人的自由，剩余价值，资本自由，全球化，自由观

一、马克思主义政治经济学与“人的自由”及“资本自由”导言

（一）马克思主义政治经济学的诞生与理论架构简述

19世纪30、40年代，产业革命在英国已经基本完成且逐渐向其他资本主义国家延伸。同时，在政治上无产阶级作为一支独立的力量站上了历史舞台。1831年法国里昂起义、1836年英国宪章运动以及1844年德国西里西亚纺织工人起义等工人运动的经验教训，为马克思主义政治经济学的诞生创造了客观条件。在技术与社会的双重变革下，马克思和恩格斯创立了无产阶级政治经济学，即马克思主义政治经济学。马克思主义政治经济学是资本主义经济发展走向成熟，无产阶级作为新生力量的代表登上政治舞台这种产业与政治双重革新的理论表现。历史上的古典政治经济学和空想社会主义都为马克思主义科学社会主义理论体系和政治经济学的建立提供了坚实的理论根基。马克思提出，物质资料生产是人类社会生存和发展的基础。马克思主义政治经济学将物质生产置于基础地位，并在确立物质生产是社会生存发展的基础之后，探索人类社会物质资料生产、交换以及与之相匹配的产品分配与消费的规律。马克思主义政治经济学在继承古典政治经济学、庸俗经济学、资本主义经济学中的科学观点之余，广泛研究西方资本主义经济史的大量历史现实材料并随之，马克思以劳动二重性学说作为枢纽创建了具有科学价值的劳动价值论和剩余价值理论，并

以此为基础诞生了社会资本再生产理论、资本积累理论与生产价格理论等重要理论体系，揭露了无产阶级和资产阶级对立的根源。

马克思主义政治经济学的创立明确表明政治经济学所要研究的不是外在的表层事物，而是事物现象背后的人与人之间的关系，并且从人与自然、人与人各种自然关系与社会关系中提炼出生产关系（指明它是一切社会关系中最根本的关系）。马克思主义政治经济学对历史唯物辩证法的运用主要体现在抽象法、矛盾分析法与逻辑与历史相一致的方法，并非僵化的思维教条。马克思主义政治经济学提供给我们的是具有历史性的研究经济现象的科学方法——它在特定历史条件下所提出的某些具体结论，在其他的历史情况下可能就不能简单模仿生搬硬套，而应该结合具体的历史条件进行改造分析运用。马克思主义政治经济学反映了不同时代的鲜明特征并鼓励我们以主观能动性认识并利用经济规律。马克思主义经济理论在创建之时是紧随社会经济条件变化和经济实践理论的发展而发展的，通过研究当时相对成熟的西欧各国资本主义经济体系，揭示出了资本主义经济发展的规律、资本主义生产过程的实质和多层面经济关系、生产关系的特点，通过阅读相关的经济学著作，结合现实生活的经济案例，也使用了大量的以英国为代表的官方文献和统计资料，马克思有力的阐明了资本主义经济运行的规律。他对资本主义经济进行规范分析，提出对这个世界的构想的同时，也结合实证分析从客观角度解释世界发展的根源性原因，使得整体理论更具有说服力，这不仅适用于具有悠久发展历史经验的资本主义国家，对社会主义国家的经济建设也具有深远的参考价值。

（二）马克思主义政治经济学的剩余价值理论——研究“人的自由”的重要理论出发点

马克思剩余价值学说是马克思主义政治经济学的重要理论基础，在承接了劳动二重性学说的同时衍生出了资本积累理论、社会资本再生产理论与生产价格理论等重要分支，批判了资本主义生产关系的剥削实质，将社会生产力迅速发展的历史条件下人与人之间关系的物化与人自身的异化设定为讨论对象使得马克思主义政治经济学剩余价值理论具有超越时间与地理限制的现实意义。马克思通过深入研究人的具体劳动与抽象劳动，私人劳动与社会劳动以及人的劳动产品，详细阐述剩余价值来自人的劳动，通过价值与使用价值的分析设想出消除社会不平等的共产主义蓝图并真正体现了“以人为本”的现代社会理念。在新时代背景下实现中国特色社会主义的和谐发展，需要深入分析马克思剩余价值学说，重新审视“人的自由”与反异化过程的价值的现实意义，将人之自由的理论进行创新性的发挥与运用，从根本上改变人依赖于物的极端化倾向与商品拜物教的异化生长，积极探求人在现实环境下对自由的新定义和全方位发展的实践方向。

剩余价值的相关分析

马克思在对相关数据与历史案例的分析之后作出判断——资本主义生产过程是劳动过程与价值增值过程的统一。只有通过劳动过程，物质资料才能被生产出来以满足人类的基本生存需求，劳动者才能运用劳动工具对生产资料进行工作，使其实现预定的变化，生产出满足生存发展所需要的物质资源与使用价值。资本主义劳动过程出现了产品与劳动分离，人在劳动过程中所产生的异化是人类社会发展的过程并非结果，社会剩余价值的产生与人在资本主义雇佣关系下的异化是相伴随的。剩余价值来源于价值增值过程，而价值增值过程是超过一定点而延长的价值形成过程。从人类诞生以来，剩余劳动伴随着人类而不断发展，是社会发展的物质基础，体现着不同的社会生产关系。

马克思指出："剩余价值率是劳动力受资本剥削的程度或工人受资本家剥削的程度的准确表现。"马克思通过剩余价值率来测算剩余价值生产的基本方法，并且探索出预付可变资本的数量与剩余价值率影响了剩余价值量的产生这一抽象结论。对绝对剩余价值生产与相对剩余价值生产的追求使社会生产模式从协作转向工场手工业并进一步向机器大工业发展，作为资本主义的基本经济规律——剩余价值生产规律作用下劳动者的劳动时间不断延长，自由度不断下降，经济总福利上升的背后也造成工人"人的自由"的高度被剥削。

（三）马克思主义政治经济学中与资本相关理论

1. 资本积累的分析

资本积累的本质是两极的积累——财富在资产阶级的积累和贫困在无产阶级的积累。马克思所分析的资本积累一般规律揭示了资本主义积累与资产阶级财富积累同无产阶级失业、贫困之间的本质、必然、内在联系。资本积累的增长使得资本有机构成逐渐提高，进一步激化了资本积累过程中的阶级矛盾与利益冲突。从马克思的定义而言，资本积累是资产阶级迫使生产资料与生产者相分离的过程。这一过程在资本主义经济发展的过程中逐步强化收缩，积极意义上为资本主义生产关系的确立打下坚实基础，使社会生产力得到前所未有的解放并推动社会经济持续向好，并且为资本主义经济的发展奠定了强大的物质技术基础。然而我们并不能忽略其负面效应——生产是逐渐社会化的，要求生产资料与劳动产品为社会共同占有支配，而资本积累则使得生产资料反而向少数资本家积聚，加剧了资本主义社会的矛盾冲突与制度不完善性。资本积累本质上是“资本自由”的先决准备条件。

2. 资本循环的分析

资本的循环运动会经过三个状态——购买、生产、销售，与此相对应的资本职能体现为货币资本、生产资本与商品资本。在购买阶段，货币资本所购买的不只是一般商品，而是作为资本主义生产要素的生产资料与劳动力商品。货币形式资本充当的职能包含了价值尺度与支付手段，其所实现的购买与出售关系为剩余价值的产生奠定了基础。货币，这一游离于商品世界之外的，固定的充当一般等价物的特殊商品在购买阶段中转化为生产资本的一般等价物一般商品，并由此过渡到生产阶段。在生产阶段中资本家使用购买阶段得到的劳动力与生产资料进行商品使用价值的生产。在资本主义经济制度中，劳动力与生产资料的所有制形成了独特的资本主义生产关系，生产出的不仅仅是一般的商品，更是创造出了社会总体的剩余价值。资本循环的第三阶段是销售阶段。在销售阶段，商品及其使用价值从生产领域又一次进入到流通领域，并通过交换这一关键行为，将私人劳动转化为社会劳动，将使用价值转化为价值，将具体劳动转化为抽象劳动，展现出剩余价值的存在，并实现了商品资本重新回归货币资本。

产业资本循环的三个环节与资本形式的三种状态相互呼应，资本在不断的循环中实现源源不断的剩余价值的积聚，是实现价值增值的基础要素。资本的循环是剩余价值产生的基础，也是“资本自由”的重要组成因素。

3. 资本流动的分析

资本流动是“资本自由”最直接的体现，表现为不断重复、周而复始的资本循环过程，是资本循环的强化阶段，从资本运转的速度层面解释了资本运转速率对剩余价值生产的影响。资本周转速度、资本周转时间（生产时间与流通时间）以及资本周转方式三大要素创造了资本流动的大体面貌。可变资本的运转速度越快，等量资本发挥的市场作用越大，在资本主义生产关系中剥削的劳动力数量越多，从而促进了剩余价值的产出，反之亦然。资本流动承担着“资本自由”的最终实现形态，是资本积累与资本循环的承接目标。

资本积累、资本循环、资本流动三个方面对“资本自由”做出了基本的诠释。世界近现代史中经济全球化的趋势明显加强，国际资本流动已经成为经济全球化的主要表现形式和重要载体。巨额资本在国际范围内的迅速流动一方面促进了金融资源在国际间的微观宏观优化配置，为全球经济增长注入了新的活力，但同时也不可避免地产生带来金融风险，甚至酿成全球性的经济危机的风险。

由此，我们对“资本自由”内涵的理解迫切需要提升到新的层面。

二、人的自由的马克思主义政治经济学内涵

马克思主义政治经济学中“人的自由”的内涵是丰富而深刻的，笔者从形态和内容两个角度加以分析。

（一）从形态上分析

从形态上，“人的自由”呈现出精神自由、自主活动和自由个性三种递进的形态。

1. 精神自由

“人的自由”首先体现在精神自由上，马克思曾援引塔西佗的《历

史》的一段话来描述精神自由，“当你能够想你愿意想的东西，并且能够把你所想的东西说出来的时候，这是非常幸福的时刻。”马克思认为，思想自由或者说精神自由是人的天性，人有想自己所想并将之表达的自然权利，他提出了“自由是全部精神存在的类本质”的命题。从根本上说，人存在的本质在于自由意志。因此，精神自由这种权利是至高无上的，体现了人的最高利益。

马克思的自由观认为“自由精神的实质是真理本身。”何为精神自由？是按照事物本质特征去对待各种事物，不被外在力量和人为因素所扭曲。实现精神的自由也即是追求真理的过程。这一过程不是依靠人凭空的主观臆想，而是基于实践的。与此同时，精神自由又是行动自由的前提。正如马克思所言“正是由于头脑的解放，手脚的解放对人才有重大的意义，因为大家知道，手脚只是由于它们所服务的对象——头脑，才成为人的手脚。”可见，马克思的自由精神是一种积极的，现实的自由，是“在定在中的自由”，其独特性在于个人自由的实现是通过改造客观世界和改造自己主观世界的双向过程。

2. 自主活动

在《1844 年经济学哲学手稿》中，马克思认为“人的类特性恰恰就是自由的自觉性活动。”即人自由的生命活动和生产活动是人的类存在，类本质，类特性。我们可以将自主活动理解为实践自由，从主观上讲，是按照自己的意志和愿望进行活动，从客观上讲，是能够自由地支配从事各种社会活动所需要的各种社会外部条件。自主活动这一形态强调了人的自觉能动性，相较于强调个人权利，“免于…的自由”的“消极自由”，马克思自由观下“人的自由”更多的是一种“积极自由”，强调人作为主体的自主性，即人能控制自觉的生活并成为自己生活的主宰，从而积极主动地认识世界和改造世界。

3. 自由个性

自由个性是自由精神和自主活动的最高结果，自由个性是人们完全控制了自己的生存条件，人的个性充分发挥，人的个性各方面包括人的体力，智力，才能，兴趣，品质等等都得到全面发展的理想状态。达到自由个性的前提是人从自然、社会和人自身中解放而实现对自己本质的全面占有、丰富和完善。自由个性的具体内容包含两个方面：一是个人需要得到自由的满足和实现。其中个人需要包含物质生活需要和精神生活需要。二是个人能力得到自由的、全面的发展。自由个性有自主性，创造性和独特性三个特征。马克思认为，人的个性以“人格”，即有意志和意识的行为主体为前提，表现为创造性，最终彰显为个人价值的独特性。

（二）从内容上分析

马克思所认为的“人的自由”包含了目的自由与工具自由、自发自由与自觉自由、个人自由与社会自由的对立统一这三个方面。

1. 目的自由与工具自由

恩格斯在论述人的活动的特点时说，自然界起作用的全是没有意识的盲目运动，而“在社会历史领域内进行活动的，是具有意识的、经过思虑或凭激情行动的、追求某种目的的人；任何事情的发生都不是没有自觉的意图，没有预期的目的的。”人的自由包含目的自由，这是人的活动有别于自然的本质特点。在笔者看来，目的自由，是人有依据自己的主观意志去决定自己做什么事的自由。而工具自由指的是实现目的自由的手段，即人利用工具把自己的目的对象化这一过程。工具自由，是人利用工具支配外部自然的力量，是人们发挥主观能动性的重要体现。

2. 自发自由与自觉自由

在马克思的自由观中，随着人们认识的不断深入，有自发自由和自觉自由这两个阶段。当人们的行为完全受盲目的必然性支配时，这时的自由仅仅是自发自由；而当人们认识和把握事物的规律性，并自觉地按照规律来行动时，自发自由上升为自觉自由。

3. 个人自由与社会自由

个人自由与社会自由是马克思重点探讨和关注的问题。社会自由是社会一切人的自由。正如马克思在《共产党宣言》中指出的，“代替那存在着阶级与阶级对立的资产阶级旧社会的，将是这样一个联合体，每个人的自由发展是一切人自由发展的条件。”可以看出，个人自由和社会自由的关系是辩证统一的。一方面，个人自由是社会自由的存在基础，另一方面，个人自由的实现必须以社会自由的实现为前提。

在《德意志意识形态》中，马克思恩格斯指出，只有在集体中，个人才能获得全面发展其才能的手段，也就是说，只有在集体中才可能有个人的自由。从前各个个人所结成的那种虚构的集体，总是作为某种独立的东西而使自己与各个个人对立起来；由于这种集体是一个阶级反对另一个阶级的联合，因此对于被支配的阶级说来，它不仅是完全虚幻的集体，而且是新的桎梏。在真实的集体的条件下，各个个人在自己的联合中并通过这种联合获得自由。当一个社会存在阶级压迫，只有少数人的自由以另一群人的不自由为代价时，社会自由就无从谈起。马克思由此认为，只有真正的联合体才能实现普世价值上的社会自由。

三、“人的自由”的现实价值

（一）个人发展方面——有利于释放潜能，促进人的全面自由发展。

还记得电影《摩登时代》中工人被机器支配的恐惧吗？在资本主义社会里，机器大工业本身是中性的，但由于物的所有制的基础是个体的，机器的科学就是从属于资本，为资本增值服务的，物的异化现象终将使生产能力与劳动分离开来，成为抑制人的全面发展的反面因素。彼时物质财富的极大富裕便仅仅是为少数拥有者服务，生产力解放的也不是大多数人，也就谈不上人的全面自由的发展。

相反地，秉持人的全面自由发展观的当代中国马克思主义政治经济学的研究目标是，在全社会总体发展的基础上，每个人获得不受强制的创造性发展权，同时也受到不受强制的自然社会和他人的限制，摆脱对物的依赖，自觉发展，自由选择，逐步达到对每个人的发达的物质生活水平和精神价值的实现。

（二）物质生产方面——有利于激发劳动者生产积极性，提高生产效率。

历史的画卷很好地向我们证明了这一点，封建社会的农奴，没有任何自由只是依附于地主的财产，所有的努力都是为地主服务，导致偷懒懈怠，生产效率极其低下；资本主义社会的工人，由于具有了人身自由和一无所有的“双重自由”，工资与生产数量挂钩，一定程度上提高了劳动生产率，但仍存在着被资本剥削的压迫；而社会主义和共产主义社会的劳动者，由于生产资料公有性和产品分配的合理，极大地调动了劳动者的积极性，而劳动从单纯的谋生手段，从沉重的负担和异己力量转变为人们生活的自觉需求，人们发挥自己能力和潜质、实现社会价值的自觉行动，也将促进生产力实现一个质的飞跃。

此外，“人的自由”对生产力的促进作用也给了我们现阶段社会的一些经济改革的启示：逐步实现从劳动力商品化到劳动力资本化的转变，通过职工持股、利益分享、参与企业经营管理等方式的“人民资本主义”，最大可能地减少资本与劳动的对立从而最大限度地激发劳动生产积极性。

（三）政治地位方面——有利于保障人民的权利和平等，促进社会阶层地位的流动。

自由与平等始终是密不可分的。首先，在经济生活中，社会主义劳动者可以自由选择劳动种类和方式，凭借自己的劳动能力获得生活品质的提高和社会地位的提升，从而促进了社会阶层的流动，倡导了积极向上，自我奋斗的良好社会风气。此外，良好的经济基础不仅是社会发展的基础，也是个人发展的必要条件。获得经济上的自由有利于人们更好的追求政治权利，保证自身应有的主人翁地位和平等权利，既实现个人政治权利有所保障，也推动社会政治生活的民主化科学化，这也正是社会充满活力的原因所在。

（四）社会文明方面——有利于人本精神的建设和发展，为建设社会主义和谐社会提供理论支撑。

中国共产党始终把广大人民群众的根本利益作为一切工作的出发点和落脚点，把提高中华民族的整体素质、实现每个人的自由发展确定为根本目标。

在领导革命战争期间，毛泽东把解放人民的个性、保障人民的自由发展作为建设新的社会制度的根本任务。

改革开放以来，邓小平把“是否有利于提高人民生活水平”作为判断一切工作的重要标准之一。

进入21世纪后，我们党明确提出全面建设小康社会、不断推进人的全面发展的命题，实现了对马克思主义人学理论的创造性发展。

江泽民在庆祝中国共产党成立八十周年的讲话中指出：“我们进行的一切工作，既要着眼于人民现实的物质文化生活需要，同时又要着眼于促进人民素质的提高，也就是要努力促进人的全面发展。”

十六大以后，我们党提出了坚持以人为本、全面协调可持续发展的科学发展观，实现人的全面发展被确立为以人为本战略思想的最高准则和根本目标。

党的十七大报告进一步提出：“要始终把实现好、维护好、发展好最广大人民的根本利益作为党和国家一切工作的出发点和落脚点，尊重人民主体地位，发挥人民首创精神，保障人民各项权益，走共同富裕道路，促进人的全面发展，做到发展是为了人民、发展依靠人民、发展成果由人民共享。”

十九大报告中指出：“真挚的为民情怀，发展以人民为中心，改革让人民群众有更多的获得感，整个就是围绕人民思考问题，围绕人民来展开的。”

由此可见，我国一贯坚持的“以人为本”的执政理念和科学发展观，是基于马克思主义政治经济学对“人的自由”内涵的阐释，是基于我国社会主义经济建设实践和社会主义生产关系发展规律的基础上总结出来的人类社会发展规律。在社会主义生产条件下，社会生产的目的不单纯是为了满足每 个人的物质文化生活需要，不仅仅是为了实现劳动力的再生产，而是将人本身的全面发展看作社会主义生产的最终目标，这也正是中国经济发展实践对社会主义基本经济规律的丰富和科学发展的贡献。

四、“资本自由”的马克思主义政治经济学内涵

按照马克思主义政治经济学的观点，资本是一种可以带来剩余价值的价值。它在资本主义生产关系中是一个特定的政治经济范畴，体现了资本家对工人的剥削关系。

“资本自由”的马克思主义政治经济学内涵，大致包括资本流通、资本周转、资本转换三个领域。

（一）资本流通——商品贸易中的资本流通

资本流通，是资本自由最为重要的一部分。资本流通的媒介是商品，因此资本自由在流通领域的重要体现，便是实现资本运动过程中的价值增值，即劳动力成为商品，实现剩余价值生产。在历史的发展进程中，劳动者丧失了生产资料与生活来源，逐渐成为一无所有的劳动力。同时，货币所有者与劳动力所有者在市场上相遇，彼此作为身份平等的商品所有者发生关系。货币—商品—货币的资本流通公式，实现了资本形式的转换和数量增值的自由。（在计划经济体制下，劳动力不可能商品化，因此二十世纪五六十年代的中国，几乎不存在商品流通的自由。）

（二）资本周转——投资领域的资金自由流动

资本周转，则更多地表现为投资领域的资金自由流动。正如

Thomas Joseph Dunning 在《工联和罢工》中所言："资本如果有百分之五十的利润，它就会铤而走险；如果有百分之百的利润，它就敢践踏人间一切法律。" 虽然有些许极端，却揭露了一个事实：资本会自觉不自觉地在投资领域周转流动，实现利益最大化。

这里需要强调的是，资本不完全等于资金——以货币表现、用来进行周转、满足创造社会物质财富需要的价值。作为货币的货币和作为资本的货币是不相同的。只有在流通中进行比较，即比较商品流通和资本流通，才能看出两者的差异。

（三）资本转换——不同经济领域的流动

同时也要看到，资本自由，还涉及抽象维度上资本在不同经济领域的流动。在市场经济的条件下，资本不再拘泥于某单一领域，而是在债券、股票等金融领域与实体经济之间自由转换，寻求资本的利益最大化。在实体经济已渐趋发达的社会，网络购物已成风潮，"互联网＋经济"方兴未艾。资本在虚拟领域与实体经济间的跳跃，必将成为经济发展强劲的内生驱动力。

另外，空间范围的自由流动，也属于资本自由的范畴。在资本主义世界市场不断成熟的当下，对外投资的份额日趋扩大，资本全球化、贸易全球化成为经济全球化极重要的体现。但不可否认，关税贸易壁垒等等的存在，仍然阻碍着资本进一步自由的步伐。

五、资本自由的现实意义

适当的资本自由对个人、社会和国家的发展起积极作用，而过度的资本自由则会产生不利影响。

（一）有助于从侧面增加个人的自由

在本质上，资本自由是人的自由的一个重要外展，两者的关系密不可分，通过投资移民这一社会现象就能很好地说明人的自由与资本自由关系的紧密性。

曾经有一种错误的观点认为，资本是剥削的产物，带来了奴役，因而资本自由是不正当的，应该被取缔。但是，事实上，正是资本自由带来了人的自由。有人说，资本自由仅仅是富人或资本家的自由，这是完全错误的。资本自由不仅仅与资本家有关，而且与每个人都有关——它绝不仅仅是资本家独有的自由，而是每个人的自由。

为何说资本自由带来了人的自由？举个反例，在资本不自由的地方，政府限制资本自由流通，穷人很难获得金融产品和服务，很难借得贷款，使得穷人没有生产资料无法进行生产，而富人可以廉价雇佣那些丧失了生产资料的穷人为自己生产庞大的剩余价值。长此以往，富人越富，穷人越穷，穷人越难以改变其生存状态及社会身份，穷人的自由被极大地削减。

（二）促进科技水平的进步和劳动生产率的提高

在资本自由的前提下，为了更快地提高经济效益，避免或减少因固定资本无形磨损带来的损失，节约预付资本，增加年剩余价值量，提高年剩余价值率，资本家们会尽其所能进行加速资本周转速度以便使资本的职能尽快得以实现，为下一轮的资本流通准备成本，实现资本的再循环。

为了加速资本周转速度，资本家们只能在产业资本循环中的生产过程上做文章，因为购买阶段和销售阶段不会占用太多资本循环的时间，资本循环的大部分时间都投入在生产过程这一阶段上。因此资本家将会选择缩短生产时间，提高生产速度以加速资本周转速度，而其主要途径不外乎提高生产技术和提高劳动生产率两点。因此，在资本自由这一社会大背景下，生产技术和劳动生产率会得以大幅提升。

（三）促进社会经济的发展

首先，我们要明确，有了资本自由，才有价值的增值，才有利润的产生，才有物质的丰裕和文化的发达，才有每个人生存状态的改善。

社会经济繁荣的程度取决于资本自由化程度，资本自由带来了每个人经济的自由，每个人都会为了提高自己的生活水平而进行最适宜的资本流通，从而获取更大的私利，根据经济学原理，这时的社会是最有效率的，每个人的平均福利是最大化的。

与政府介入市场进行资本流通干预相比，资本自由会使金融资源和资本资源流通起来，在长期中将资本根据个体的能力和需求合理地分配到每个人手中，使得社会总资本的使用效率最大化，同时也使社会福利最大化。尽管这会导致“两极分化”现象的产生，但这个现象是提高社会效率所必须付出的公平性的代价，即损失小部分人的利益来达成社会的有效率，换得了大部分人经济水平和生活质量的提升。从整个社会来看，资本自由会促进社会经济的向前发展，使得总体社会成员的平均生活质量相较以往得到大幅提升。这一切作用过程的背后的推动因素是资本自由作用于实体经济的各个实业个体，实业个体再进一步作用于社会的各项经济指标。

例：中国计划经济转变为市场经济后的国内生产总值

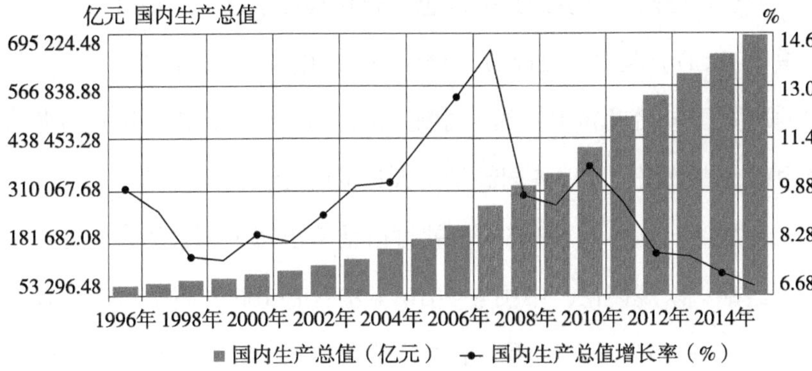

（四）导致人才的流失与资本的不利集中

高级知识分子是一种劳动力商品，也属于资本的一部分。资本自由使得资本自由流通，同时也导致了高级知识分子劳动力的自由买卖，即高级知识分子可以从前一企业跳槽到能够给他更高报酬的后一企业。高级知识分子劳动力在企业之间的转移只会影响企业的效益，即只是损害了前一企业的效益，增大了后一企业的效益。但如果高级知识分子的流通与买卖上升到国家与国家之间，就会带来人才流失这一问题。二十世纪中国科学家钱学森和数学家华罗庚被困美国就是由于美国试图避免重要人才的流失而阻止了这两位高级知识分子的自由流动，可见人才流失是每个国家都要严阵以待的重要问题。而资本自由会客观导致人才流失，这一点需要每个国家警惕。

资本的不利集中也是需要警惕的一方面。必须承认的是资本的极端化集中的确是资本自由的一种体现，与马克思主义政治经济学中的资本积累理论并不矛盾，但是在现实生活中这种资本的单极化过度集中反而是对社会效率与公平不利的。我们的社会管理者应该在效率与公平中达到一种平衡，实现资本的健康性集中，促进经济增长。

例：中国的人才流失

由于联合国人口署的数据未包含教育程度信息，经济合作与发展组织（OECD）提供了目前最为全面可靠的国际人才迁移数据。该组织的成员国包括世界主要的人才流入国，通过合并2010年左右各成员国的普查数据，辅以各国高学历人口的统计信息（高学历定义为受过大专及以上教育），研究人员就可以估算出每个国家的人才外流规模和比率。以规模论，中国在2010年左右有166万高学历人才在经合组织（OECD）国家生活，小于首位印度的208万，高于第三位菲律宾的142万。所谓“超百万精英滞留海外”所言不虚。

（五）对国内产业的冲击

资本自由在国际贸易中导致了不同国家的相同产业的交锋与竞争，这会使国内一部分竞争力不足的产业受到世界市场的剧烈冲击，使得其利益受到严重损害，发展严重受阻。假设该国存在一类产业由于没有引进最先进的技术设备或者高级知识分子的支持或者其他种种因素，导致其生产成本大大高于世界市场价格，当该国完全不对该产业的资本自由加以干预时，国外的生产成本更低廉而价格也更低廉的商品会大量进口到该国，国内该产业商品的价格会猛烈下降到世界市场水平。这将导致该产业生产者的利益受到严重损害，从而大大阻碍该产业的发展。

例：国内葡萄酒市场

1.国内外酿酒成本对比：

国内的酿酒技术和国外没有差距，但国产葡萄酒的生产成本更高，导致同等品质的国产葡萄酒价格反而更贵，因此性价比不高。一方面，国内产区冬季气温较低，葡萄藤需要埋土过冬，大幅增加了种植成本；另一方面国外对种植领域的补助较多，国内土地、人工等生产成本也高于国外。

如此一来，酿酒葡萄的成本能高到多少呢？以威龙股份为例，澳大利亚酿酒商联盟于 2016 年 7 月发布的报告显示，澳大利亚 2016 年上半年酿酒葡萄的采购均价在 526 澳元 / 吨，折合人民币 2600 元 / 吨。而威龙股份在过去三年里，种植和收购的酿酒葡萄成本在 3166 元 ~ 3745 元 / 吨，相比要高出二到四成。

2. 国外葡萄酒进口增速：

自 2016 年以来，葡萄酒进口突然提速，据海关数据显示，2016 年上半年国内瓶装葡萄酒进口同比上升 56%，创下 5 年来的增速新高，而进口葡萄酒的快速涌入，也让国产葡萄酒的生存空间不断被压缩，遭遇新一轮冲击。

据《第一财经日报》的海关数据显示，2016 年上半年我国瓶装葡萄酒进口总量为 2.23 亿升，同比上升 56%，这也是自 2012 年以来的最大增幅。进口总额为 11.09 亿美元，同比上涨 69%，而这一数字已接近 2014 年全年进口量（13.65 亿美元）的 80%，平均价格 4.97 美元 / 升，同比增长 8.3%。其中进口量最大的是上海 6383 万升，其次则是广东的 5900 万升和北京的 1866 万升。

3. 国外葡萄酒的市场占有率：

在加速进入市场的同时，进口葡萄酒在零售市场的增幅明显，2015 年 ~ 2016 年，进口葡萄酒的市场占有率迅速整体提升了 5 个百分点，已占据四分之一的市场份额，而比重还在逐年上升。

事实上，在东部沿海区域，进口葡萄酒的市场占有率则更高。“作为消费大省，目前广东市面上销售的 90% 都是进口葡萄酒。”广东省酒类行业协会葡萄酒分会秘书长接受《第一财经日报》记者采访时说。

4. 对国内葡萄酒产业的冲击：

在进口葡萄酒的冲击下，2016 年上半年，国内主要的 8 家葡萄酒上市公司中，只有威龙股份（603779.SH）和通天酒业（00389.HK）保持增长，而包括龙头企业张裕 A（000869.SZ）、中葡股份（600084.SH）等其他几家葡萄酒业务收入均录得不同程度的减少或亏损。

（六）助力国际资本流动的健康发展与制度建设

对宏观国家与社会而言，“资本自由”的内涵在于缓解国家国际资本不均衡的现象，推动国际多边往来与合作。在制度上促进了对冲基金、期权交易等金融衍生品工具的出现与发展，使金融体系趋于成熟化，从侧面提高激励了金融资本领域抗系统性风险的能力。人是理性的，会对社会激励做出反应。资本自由主导下的经济金融秩序注定会存在一定程度的风险，这种风险形成了一种激励，一方面激励社会对资本行业科学立法、严格执法、公正司法、全员守法，加紧了资本法制建设；同时，也对现行的金融抗风险能力提出了新的要求，刺激其向更成熟更完备更坚实的方向去发展，有利于社会整体的进步与推动历史发展。马克思主义政治经济学对“资本自由”的研究分析助力现代经济全球化背景下全球资本流动管理框架的建立。一方面通过激励加强社会市场参与者在理论层面与实践层面的竞争性，另一方面加强资本与金融监管制度的多元开放和包容性。在现实社会这种资本合理化成熟化自由的主要体现方式为国际多边的金融机构的建立与长期运行——国际货币基金组织 IMF、世界银行以及巴塞尔银行监管委员会等国际机构作为直接管辖世界金融秩序与资本流动状态的职能部门，在加强资本流动性标准、应对金融市场系统性风险等方面做出了长足实践与努力。另外，马克思主义政治经济学关于资本自由的理论也通过现实生活中的危机现象促进各个国家主体建立起全面的具有可操作性的金融治理架构，以具备充分能力应对国际资本格局的变化。在资本渐趋自由的当下，我们需要在马克思主义政治经济学自由观的引领下加紧对资本的成熟化理性化管控与相关制度建设，实现发达国家与新兴国家金融资本关系的全面评估，实现全球资本的最高效利用，为国际资本流的健康发展创造条件。

六、总结

“不自由，毋宁死。”帕特里克高声呼喊着。进入 21 世纪，世界经济飞速发展，人民生活水平不断提高，思想境界日益成熟，自由二字日益被我们所看重并且为之努力奋斗。在马克思主义政治经济学的框架下，我们以科学的眼光分析了人的自由与资本自由各自的内涵及其现实意义。同时，我们还要进一步看到两者之间的辩证联系。人的自由是人这一主体自我发展自我进步自我提高的重要推力，资本自由则是对于资本这一社会发展到当下这一阶段所出现的人与人之间特殊社会关系的规范协调发展。人作为社会生活永恒的主体，促进人的自由以促进人的发展有助于我们更好的理解资本自由的涵义并致力于推动适当的资本自由，同时我们对资本这一特定历史范畴下的产物的自由的思考也有助于协调人与人之间的社会关系从而促进个人和集体的发展。最终实现二者的和谐统一，互相促进又共同推动社会前进，时代进步。

第二篇

从“一带一路”探究贸易保护主义

随着世界经济的发展，世界经济格局也发生了翻天覆地的变化。国际经济与贸易结构出现复杂化、集团化等倾向，与此同时国际金融环境也出现全新深刻的转型。在国际竞争日趋激烈的当下，贸易保护主义出现了抬头的迹象，以关税壁垒为传统手段，以非关税壁垒作为新兴手段，不同国家不同程度地在对外贸易中实行进口限制来对本国市场本国商品进行保护。这种向本国商品采用政策优惠措施抵制国际商品竞争实现维护并发展本国国际竞争力的思潮，在很大成程度上对国际经济与贸易秩序与生产者消费者福利产生损伤。

面对贸易保护主义对世界经济结构带来的挑战，中国政府于2013年提出“一带一路”即“21世纪海上丝绸之路”与“丝绸之路经济带”的国家级顶层合作倡议，力求通过中外经济双边与多边机制，整合各类型经济交流互助合作平台实现国际经济的融合与自由化发展。结合时代背景与相关国家政策，笔者不禁产生了对“一带一路”和贸易保护主义的互相影响关系的好奇，本文将通过贸易保护主义的案例、原因分析与“一带一路”的对应作用，探究中国对现今贸易保护主义的应对策略。

一、贸易保护主义的思想理论基础

（一）重商主义雏形

15 世纪至 16 世纪中叶，以威廉·斯塔福为代表的重商主义经济思想家主张一个国家在从事国际经济贸易中应尽可能多出售商品少购入商品，减少货币向国际市场流出，实现单方向的货币接收。雏形重商主义将贵金属与国家货币视为经济中最重要的资产，严格限制国际贸易中的货币以及金银贵金属向国外流动。雏形重商主义思想普遍认为应该严控紧抓货币、贵金属持有量，并且首次提及借助于国家政府的行政干预手段，通过宏观的政府力量介入达到管控目的。通过 15 世纪至 17 世纪的历史事件案例研究与西欧政治体制变革（由封建君主制转变为君主专制），我认为政体的演变和民族国家的形成是影响雏形重商主义思想诞生发展的根本力量，也使得雏形重商主义思想成为了贸易保护主义的原型与原始思想。

（二）成熟重商主义

17 世纪，此时重商主义思想渐趋成熟化，以托马斯·孟为代表的中后期重商主义获得成长空间。成熟重商主义思想家突破了早期思想的静态束缚，认为以本国为中心向国际通商各国吸取货币为不明智之举，而是认为要发挥货币的流动性。其核心是意识到货币流与商品流无法在理论与实践上彻底分离，选择以整体流动的方式提高资本积聚的速度与效率，通过积极参与货币与商品的双向交流，用货币投入到国际商品交易中，再通过贸易顺差获取货币增量以动态优势来推动资本的积聚。结合史实，我认为这与当时殖民地经济的增速发展以及世界市场规模扩大有密切联系。值得重视的是，成熟重商主义者提出了“关税保护措施”，这为贸易保护主义奠定了坚实的理论与实践基础，在很大程度上决定了贸易保护主义的历史发展轨迹。

（三）幼稚产业论

17 世纪至 18 世纪，美国首任财政部长亚历山大·汉米尔顿与同时代的经济学家李斯特提出了幼稚产业保护思想，为贸易保护主义开辟了全新的理论空间。幼稚产业论者对贸易保护赋予了前所未有的高度正义性，认为国家内部市场的企业与产业在诞生之初具有相当程度的幼稚性脆弱性，一旦毫无顾忌地认同并采用自由贸易，国际市场上成熟行业注定会鱼贯而入，其竞争压力会轻而易举地压缩国内幼稚产业的生存空间，对国民经济产生不利的影响。同时，通过幼稚产业论采用的保护措施研究，笔者发现幼稚产业论在重商主义思想的基础上强化了关税保护措施在贸易保护中的主导作用，使近代贸易保护主义真正走向了理论的成熟化与实践上的稳定化。

（四）现代贸易保护理论

20 世纪的国际关系逐渐趋于平衡，世界市场与国际贸易步入从量变向质变演进的历史时期。结合历史进程我认为资本主义世界经济体系从自由资本主义发展到垄断资本主义，资本主义国家对殖民地的经济扩张从商品输出开始转入资本输出以及资本—帝国主义的兴起，这都为贸易保护理论出现新的突破与发展提供了完备的政治前提与适宜的世界环境。以超贸易保护主义为先导的现代贸易保护理论应运而生，现代贸易保护主义颠覆了贸易保护主义历史上一贯的被动保护状态，转而进入侵略性进攻性的积极防御状态，重点采用进口配额、外汇管制与歧视性政府采购等行为主动进军他国市场并遏阻外国商品竞争力提升。贸易保护受到国家政策与国家战略的控制与影响，成为进入他国市场、占据世界经济主导力量的手段。这也成为了当今世界经济格局中的主要反全球化思想载体。

二、现代经济环境下的贸易保护主义案例

在中国酝酿并推进“一带一路”战略构想之前，世界贸易环境已然出现了层出不穷的贸易保护手段。想要理解“一带一路”战略产生的背景原因与逻辑，关于现代经济格局下的贸易保护主义案例研究与初步了解就显得尤为重要。通过对经贸发展历史事件的阅读与研究思考，笔者结合中国经历过的具体实例将贸易保护手段划分 7 类主要类别，为后续“一带一路”与贸易保护的关联探索提供基础的背景与框架。

（一）反倾销

2017 年 3 月，日本政府正式对中韩碳素钢零件征收为期 5 年的反倾销税。“反倾销”是贸易保护的重要合规方式之一，当一国得到的外国商品到岸价低于该商品出厂价则认定外国商品存在倾销行为。反倾销措施在倾销真正存在的情况下是完全合理的行为，但是关键在于倾销的事实确定是困难的，这就为部分国家借此开展贸易保护提供了机会空隙。国家为了自身的贸易利益与经济竞争力，声称外国商品对国内产业造成了实质损害与威胁，造成了国内产业的发展阻碍。笔者

认为贸易各国的双边信息不对称是导致“倾销”的难以确认与“反倾销”的难以反制之原因，维持了反倾销税等各类相应反倾销手段的存在空间，推动其成为了贸易战与贸易保护的重要方式。

（二）绿色壁垒

1994年，美国环保署规定，进口汽油中硫、苯等有害物质必须低于有关标准，否则禁止进口。绿色壁垒也被称为环境壁垒，旨在参考商品生产过程中或是使用过程中对于环境的污染程度，通过本国制定相应的评价标准进而对外国进口商品进行不同程度的抵制。绿色壁垒的形成实质上对商品出口的技术标准提出了较高的要求，从而限定了进口商品的价格与数量。在目前的国际贸易大环境下，我们可以发现许多东南亚、南亚发展中国家在劳动力资源方面具备优势，但是在资本投入与技术进步层面存在难以逾越的瓶颈，技术的落后与资本的缺乏导致产品的环保程度有限，这给予技术发达国家充分的机会来制约双边贸易的自由度。

（三）技术壁垒

2003年，欧盟出台了《化学品政策战略白皮书》，对中国纺织品、服装、鞋、玩具、家具等高度依赖化工品原料与半成品的产业产生巨大影响。另外，中国在农副产品、动物源产品和水产品等领域也受到欧美严厉的技术制裁。究其原因，中国的工业产品仍然停留在劳动力密集型产业阶段，要素转化还未实现真正的转型成功，又局限于中国内地尚未完全发达的行业技术水平，导致技术壁垒成为欧洲国家针对中国进行贸易保护的关键方法。在全球贸易环境中，国际技术标准的制定者通常是发达国家，发达国家凭借着在产品技术优势和全球贸易的积存经验，强制推行符合本国技术生产水平的技术标准与国际贸易规则，这在很大程度上使广大发展中国家的出口厂商遇到难以克服的出口困难，严重阻遏了发展中国家的经济发展。

（四）知识产权壁垒

2003 年初，美国通信设备制造商思科起诉中国华为在美国销售的路由器抄袭了思科公司的技术，借此与华为展开贸易对抗。很多发达国家针对中国的技术壁垒是与知识产权壁垒紧密结合的，如彩电、打火机、电池、通信设备等，发达国家紧抓中国社会与厂商对知识产权缺乏重视和了解的劣势，通过技术壁垒与知识产权壁垒的双重贸易保护关卡对中国的世界市场贸易竞争力进行遏制。思考后笔者发现其背后的逻辑链条在于当今商品高新生产技术仅仅掌握在少数发达国家手中，与此同时发达国家经历市场化工业化的百年发展历史形成了对知识产权的高度重视。鉴于发达经济体掌握的知识产权多为产业链的上游技术，发展中落后国家想要打破技术壁垒打入他国市场，就必须要接触到发达国家严格把控的核心知识产权，而核心知识产权又被设定为一大关键贸易保护壁垒——通过双重壁垒的建立与巩固，发达经济体形成了对本国市场极其坚固的贸易保护屏障。

（五）进口配额

进口配额是进行贸易保护的传统手段之一，一个国家通过政策制定直接对进口商品的数量进行限制。经过微观经济学原理的学习，我们已经了解到，进口配额约束下的 P–Q 曲线会在原均衡点出现供给曲线的水平段，这段水平段的长度反映了进口配额的力度。水平段的长度影响了供求曲线的多个变量——均衡价格、均衡数量、无谓损失、消费者剩余以及生产者剩余。进口配额忽视了在比较优势存在的前提下双方获利交易的可能性，对整体全球经济的效率产生了不利影响。作为最直截了当的贸易保护手段之一，其突出的直接性与明显性使这种保护行为在当下国际关系日渐复杂的战略格局下已逐渐失去了占据主流的影响力。

（六）反补贴

反补贴与反倾销同样被 WTO 列为合规性贸易壁垒之一。补贴在国际贸易中比较常见，一国公共管理部门向本国的出口生产商提供的资金或财政上优惠或者补助措施，在同类商品在国际市场上开展同等竞争时受到补贴的商品在价格上就具有了额外的竞争力，这不利于国际贸易公平公正性的体现。反补贴与美国 301 调查相互结合，成为了近阶段美国对华实行贸易保护的强大武器。基于美国《1974 年贸易改革法》与《1979 年贸易协定法》设立的 301 调查被认为最具挑衅意味的贸易保护手段。20 世纪下半叶，美国对日本实行了 301 调查，当时蓬勃发展的日本经济在短时间内受到重创，自此一蹶不振。当然，日本经济停滞与其经济结构与经济发展阶段有关，但是美国采取的反补贴与 301 调查无疑对日美经贸产生了毁灭性干预，反补贴与美国 301 调查值得我们高度戒备。

（七）集团经济体条约（针对性贸易保护）

在现代经贸环境下，国际关系出现了复杂化、多元化倾向，政治力量与国家关系对于经贸秩序的影响越来越不容小觑。纷繁复杂的国家关系孕育出了新常态下的贸易保护手段——集团经济体条约。近年以美国主导的跨太平洋合作伙伴协定 TPP 就是集团经济体条约最具代表性的案例。集团经济体要求组织内部的成员国遵循主导者的贸易规则进行规范化的组织内部贸易，同时赋予成员国一定的自由贸易优惠或特权，例如低关税、多样化商品甚至一些涉及国家核心战略安全的商品交易，其本质的确是支持自由贸易的。但是通过个人观察思考，笔者认为集团经济体的贸易保护针对目标是协定以外的某个国家或多个国家，通过集团内部采取一致的贸易政策与对外态度实现团结，对于集团之外的国家则实行高标准严要求的贸易孤立态度，使集团内能享受到最佳的多边贸易待遇，同时大幅压缩集团外经济体的贸易对象，达到进攻性贸易保护的目的。集团经济体在内部利益高度一致的前提下能够发挥出极大的破坏力（而 TPP 未实现利益一致），我认为是经济新常态下的高危贸易保护手段。

三、“一带一路”的历史沿革与机遇

丝绸之路是中国汉代开始兴起的贸易商路。以长安为出发点，取道河西走廊，连通中国腹地与西域、中亚、西亚、欧洲，直至罗马。丝绸之路的存在为中国古代经济发展提供了强大的助力，在互通有无、商品贸易等方面极大提升了中国与古代西方的生活水平与质量，推动世界经济史的发展进步。海上丝绸之路是中国南宋时期开启的海上贸易航路，连通欧、亚、东北非三洲之地，为中国经济发展与商品多样性提高起到至关重要的推动作用，助力全球市场的完善，同时也为中国融入全球市场开展国际贸易提供了经济基础与历史经验。

改革开放以来，中国不间断的面临如欧盟、美国、日本等国际发达经济体在外贸领域的压制与孤立，使中国经济在较长时期内无法得到快速有效的发展升级。近年发达国家更是在贸易保护手段上屡出新技，中国面临的国际贸易自由空间日渐紧迫，为了维护国家经济利益，改变国际贸易环境对中国不利的方面，“一带一路”国家战略成为了中国外贸力量变革的里程碑。丝绸之路经济带偏重陆上商路，强调了新疆的区位优势和东西交互作用，将战略重点放在深化与中亚、南亚、西亚、北非、东非、欧洲等国家地区交流合作，构建丝绸之路经济带上整体商贸格局。21 世纪海上丝绸之路则侧重海上航路建设，利用长三角、珠三角、海峡西岸、环渤海等开放经济区，加快推进中国上海自由贸易试验区建设并且深化与港澳台合作，打造粤港澳大湾区。

笔者认为“一带一路”的作用体现在巩固提升国内制度铺垫和政策方向的基础之上，广泛开展路上海上与外国的经贸往来，在相当程度上打破了针对中国的贸易囚笼，在摆脱地缘因素干预的同时也开拓了中国国际贸易的自由天地。

四、当下贸易保护主义抬头的原因与“一带一路”的对应作用

当下贸易保护主义抬头的原因是多元化的，既深刻依赖于前文所述贸易保护主义的理论发展，也紧密结合了上述的现代经济环境贸易保护案例。经过国家统计资料的阅读研究以及个人的政策战略思考，我将目前形势下贸易保护主义抬头的原因划分为 9 项，并将其与“一带一路”的战略作用进行对应比较分析。

（一）发达国家霸权主义思想

发达国家经历了多个世纪的资本积累与发展，在国际经贸上占据经验、制度的巨大优势。经历一战二战的洗礼，国际关系格局发生

重大重组，以美国“一超”，欧盟、日本“多强”为代表的发达经济体自然而然孕育出了经贸霸权主义思想。发达国家欲图通过贸易保护主义维护自身的经济利益，巩固自身的市场地位免于被后起之秀挤占。中国提出“一带一路”一方面打破了发达经济体建立贸易霸权的想法，促使市场贸易更加公开、透明、公正，使得世界市场交易秩序更加稳定友好；另一方面，中国通过积极吸纳接受发达经济体参与到“一带一路”建设中来，给予发达经济体维护经济利益的机会，在双赢思路的引领下实现对霸权主义的渐进式消除和全球市场的和谐发展。

（二）垄断利润的激励

实行新贸易保护主义或者超贸易保护主义的目的在于转守为攻，以进攻性的商贸行为将外来商品贸易威胁扼杀在萌芽状态，并且主动打击异国市场，为本国企业的发展谋取福利。个人认为这背后实际是垄断利润的激励。无论是垂直垄断抑或是水平市场份额垄断，在超贸易保护主义的支撑下都不再那么遥不可及。国内与国际、垂直与水平的垄断行为都将消费者剩余最大化地收入囊中，这对于一个经济体而言诱惑是巨大的，但对于消费者而言损失了剩余，对整体经济而言损失了效率。中国提出“一带一路”将各国商品置于同等条件下的市场中，产品的多样化既提升了相关国家国民的生活水平，同时又减少了垄断行为的可能性，这在鼓励企业公平竞争提升市场主体运行质量之余提高了消费者的总剩余，使经济重新回到有效率的状态。

（三）国家安全与关键行业的顾虑

在国家从事贸易时，一个无法回避的问题是国家安全。涉及军工、电网、电信、石油、天然气等诸多国家战略安全的领域，一国政府不可能完全放开对外限制。在关键行业如装备制造、汽车生产、有色金属等国家绝对控股已成为普遍现象，这导致了贸易保护的存在必然性与局部封闭性。中国推进“一带一路”也并非主张国际市场参与者完全放开战略资源商品的国家管制，而是鼓励通过合作的形式互相理解互相包容，搭建合适的共同平台使各国在可控数量范围内互通有无，在保证国家安全的前提下实现国际经济效率的最大化和总福利的最大化，这种人性化的处理方式与政策考量很大程度上维护了国际关系的和平稳定，形成了互帮互助互信的和谐国家关系。

（四）幼稚产业保护

无论是中国、印度这样的发展中大国，还是西亚、非洲的发展中小国与欠发达国家，抑或是欧美这样的发达国家，国民经济总会不同程度的有幼稚产业的存在。对于幼稚产业的保护肯定是必要的，毕竟幼稚产业的成熟化决定了一国经济体系的完整性与可靠性，但是绝大部分国家都选择了贸易保护主义措施作为幼稚产业保护的主要手段。我认为中国“一带一路”的畅想对于打破思想教条迈出了卓越的一步——突破了幼稚产业的被动保护视角，而是转向了幼稚产业加速成熟化的主动措施。“一带一路”强调参与国家积极进行技术的交流与共享并予以同等级的交换，抛却对幼稚产业的固守保护，通过“一带一路”的合作平台广泛进行技术经验交流，加速推动幼稚产业的成熟化，既能达到幼稚产业完善提升的根本目的，又在一定程度上开辟了市场空间打开了贸易渠道，这为世界经济幼稚产业保护提供了崭新的视角。

（五）发展中国家生产力水平提升

在二战与冷战结束之后，发展中国家获得了相对和平稳定的经济发展局势，各国在经贸沟通的同时积极开展投资、教育与设备升级改造，获得了充分的生产力提升。这种生产力提升使得商品的生产成本大幅降低，使之与发达国家商品的竞争力差距前所未有的缩小。在这种情况下，贸易保护条款就成为了发达经济体最直接的应对方式，通过贸易保护手段强行降低发展中国家的产品外贸数量与价格竞争力。中国“一带一路”倡议不同发展程度的国家放下对竞争对手的敌视态度，生产力水平的提升有助于发展中国家发挥比较优势，建立在互相信任基础上的专业化贸易有利于商贸各国，同时对于发达国家与地区而言，这也是进行产业升级改造与产业产能转移的绝佳机会，从互惠互利的角度来看值得推崇。

（六）全球科学技术的发展

自第三次工业革命以来，以美国为核心的信息革命拉开序幕。新能源、医疗、新材料、先进制造技术、航空航天以及电子计算机技术的迅猛发展推动了全球范围内的技术革新。科学技术是第一生产力，对于核心科技的实际掌握或产权把控决定了一个国家相关产业的发展潜能空间、发展速度与自由度。核心科技受制于人注定导致经济发展的疲软与难以持久，而部分发达国家恰恰将目光投射于这一点，实行严密的知识产权保护，间接地进行贸易保护。“一带一路”则主张各国树立“人类命运共同体”的大局观，团结利用好各国自身的科学技术条件，一方面推动各国比较优势的专业化贸易，另一方面构筑科技技术的交流平台，完善技术交流机制，运用不同国家技术优势打通不同国家的科学技术瓶颈，推动全地区全世界全人类的整体核心科技进步。

（七）经济区域化趋势

20 世纪末至 21 世纪，发达国家不同程度出现了经济发展收敛的现象——经济增长率处于历史低点，新的经济增长点仍有待挖掘。在刺激经济再发展的紧迫需求下，区域经济集团化作为自由贸易与贸易保护结合的新手段之一成为了历史趋势，北美自由贸易协定、跨太平洋合作伙伴协定、欧洲统一市场、东盟、中日韩自贸区协定等区域经济体应运而生。经济区域化使集团内部国家消除贸易壁垒享受到相对优惠的政策，其本质的确是支持自由贸易的，但其贸易保护具有针对性，针对集团外的某个或某些国家，相对于外界国家在一定程度上有失友好。“一带一路”在区域经济体建设上跳出了狭窄范围集团的框架束缚，通过支持丝绸之路沿线国家的贸易往来实现“大经济体”建设，以开放的态度接纳横跨欧亚非的各贸易国家，消除区域与区域之间的贸易敌对与隔阂，通过做大经济集团区域，将狭义区域化拓展为广义全球化，为世界市场自由贸易奠定了坚实的基础。

（八）民族主义与政治敌对

中国处在特殊的地缘政治与地缘经济环境中，周边缺乏真正意义上的友好国家关系，部分国际事务常遇阻滞。中日、中韩、中印、中越、中美等国家关系时常在紧张与缓和之间游走，政治敌对导致针对中国的不友好贸易保护行为多发；同时中亚地区、中东地区民族极端主义盛行，导致中亚西亚地区局势极不稳定，给中国的全球贸易安全与利益带来不可控因素。“一带一路”的建设有助于缓和地区紧张关系并打破政治敌对的牵制——向西的商路拓展开创了地缘经济新思路，突破了长期以来依赖印度洋、太平洋的战略路径，维护了中国的贸易安全与经贸自由，打开了国际经济贸易的新空间；以新疆为交互枢纽的规划则有力地为中亚、中东经济发展注入稳定力量，经济的稳定势必会推动政治局势与民生的稳定，间接地保持住中国外贸发展的稳定大局。因而“一带一路”的建设在瓦解政治敌对和维系经济稳定安全上提供了莫大助力。

（九）“中等收入陷阱”的深度

中国近阶段的经济进入稳定高速发展状态，已经进入中等收入阶段。但是经济学家们对于呈现出的国家统计数据持有一定的悲观态度，认为中国陷于中等收入陷阱的可能性极大，将难以摆脱由低收入进入中等收入的发展模式，产生经济增长的减速与停滞，人均年收入难以突破一万美元大关。发达国家出于限制中等收入国家经济发展的意图，在中等收入国家急切需要繁盛国际贸易以跨越中等收入陷阱之关键时刻采取严厉的贸易保护手段，人为地加深中等收入陷阱的深度（成为了开展贸易保护主义的重要原因之一），阻滞中等收入国家的经济追赶能力。“一带一路”战略的提出目的在于尽最大力量使国际贸易局面更加繁荣，赋予中国经济跨越中等收入陷阱的能力，实现民生水平的切实提高与顺利进入高收入国家行列。

五、以“一带一路”为核心的反贸易保护主义策略

通过分析贸易保护主义的理论发展历史、国际实际案例、“一带一路”的发展历程以及结合“一带一路”与贸易保护主义原因的对应

作用，笔者结合个人对当下经济事件的思考，最终来探究中国现阶段以及未来应以“一带一路”为核心采用怎样的反贸易保护主义策略。

一是要加快推进市场化工业化建设，在WTO等国际经贸组织中掌握更多话语权。打铁还须自身硬，中国经济的市场化建设受到部分历史政治原因仍然处于不完善的状态，市场机制作用不够完善，工业化也处在建设阶段。只有坚持中国特色多重转型发展，以“一带一路”为依托吸纳资源，同步加快推进商业化、市场化、工业化，借鉴国际领先经验用于强化社会主义市场机制作用并且规范市场主体行为，并且以“一带一路”为沿线国家带来共同经济利益，才能最大程度的被国际社会所接纳。在广泛被接纳的基础上积极参与WTO经贸事务，培养对全球自由贸易的影响力。

二是加大技术投资。科学技术是国民经济的第一生产力，核心技术受到外国控制会导致产业发展缺乏潜能与进步空间，受制于人终会使经济发展趋于疲软。扩大技术投资一方面可以提升国内生产总值，增加国家经济体量；另一方面可以渐进式的推进产业结构转型升级，减少经济生产要素的不利依赖，为国家经济发展提供新的可持续动能。“一带一路”战略为技术获取与交流提供了共享平台，中国应高效利用“一带一路”进行各具特色的国际技术合作，取人所长，补己之短，突破技术进步瓶颈，实现技术的快速积累与提升。

三是推动外交政治斡旋。“一带一路”是中国在国际经济贸易方面的伟大创举，在经济、金融、政治、资源、物流、技术等多个方面构筑交流合作平台，为中国和沿线国家带来切实的自由贸易福利，形成以中国为中心的团结局面。可以说“一带一路”已成为中国在外交领域的高价值谈判筹码。针对中国的贸易保护主义盛行，相当程度上来源于大国对中国的围堵与敌视，运用“一带一路”作为国际谈判筹码，可以极大提升中国的价值优势，使贸易保护变得毫无意义。在提升中国外交能量，维系经济发展稳定大局方面起到至关重要的作用。

四是坚持实行积极的财政政策与稳健的货币政策。突破经济和贸易围堵实现自由贸易秩序必须要在实体经济与金融层面共同发力，两手都要抓，两手都要硬。“一带一路”是中国与欧、亚、非多国的贸易机制，有足够心力处理国际贸易事务的前提是后院的稳定，即必须保障国内经济秩序的稳定。中国经济面临较大的下行压力，主要原因来自于社会总需求不足，积极的财政政策在政府购买与扩大内需方面起到重要作用；中国经济发展局面同时也面临通货膨胀的压力，稳健的货币政策在维持物价与人民生活水平方面起到重要作用。坚持实行积极的财政政策与稳健的货币政策尽全力保障国内经济局势的稳定，与“一带一路”相辅相成。

五是推动区域经济集团合一化。区域经济集团的分立一方面推进集团内部自由贸易秩序的形成，另一方面也带来了过于复杂的经济关系，这使得区域经济集团替代了单一国家成为贸易保护的单元，这与常规贸易保护别无二致。中国应该以“一带一路”战略为主要骨架，以中国参与的多个经济组织如金砖国家、APEC 等为组成内容，勇于推进中国参与的经济集团间的融合合并，使小集团经济体发展壮大成为全人类命运共同体的大集团经济体，真正在形式与实质上都实现天下经济大同之势，真正达到自由贸易的目的。

六是对国家安全行业与幼稚产业进行适当的保护。幼稚产业与国家关键领域不可能完全放开，这是国家战略的共识，但是在“一带一路”的合作框架下，中国应该以身作则，适当的放开安全行业与战略领域的国家控制，在保障国家绝对控股的前提下尽最大努力扩展外资的自由度。积极吸收国外先进经验与技术合作，努力促成幼稚产业的快速成熟化与国家安全领域的质量提高，同时应根据国家相关统计数据制定量化的经济决策，严密监控失业率与物价水平异动，对国家安全行业与幼稚产业进行适当的保护。

七是将“一带一路”与亚洲基础设施投资银行的职能紧密配合并推进人民币国际化。亚投行为基础设施建设提供融资，已受到包括欧洲多国在内的大量国家参与与认可，将“一带一路”与亚投行融资项目相互融合，既为“一带一路”提供了充足的资金资本支持，保障国家项目资本融通与战略顺利实施；又可以提升亚投行的地位与价值，获得国际认可与信任。由于“一带一路”与亚投行同为中国发起，这对于中国的国家经济发展与国际形象极有裨益。在纯粹的金融领域，中国则应积极推进人民币国际化，人民币纳入 IMF 特别提款权就是一个鲜明的例子。人民币国际化可以使人民币国际结算更为便捷，使中国货币在世界金融领域更具影响力，对于“一带一路”的国际交往与经济建设会产生潜移默化的激励。

最后一点则着眼于对中国进行贸易敌视，甚至与中国开展贸易战的国家博弈。中国应该全面利用“一带一路”战略作为反贸易保护主义的利器。对于以美国为代表的针对性贸易壁垒国家，中国应该采用对称博弈手段。以强硬的外贸壁垒对抗对象国的强硬贸易壁垒，以温和手段对抗对象国的温和壁垒，正如目前中美贸易摩擦的现状所体现的。同时在“一带一路”涉及的领域坚决巩固自由贸易秩序，形成自由贸易与贸易保护的双向对比，多方面打破贸易保护的围堵态势。同时，中国在目前的国际环境下应积极落实区域全面经济伙伴关系（RCEP），保持对 RCEP 的战略定力的同时争取 RCEP 谈判的进展，一方面打破 TPP 的战略挤压压力，另一方面为“一带一路”战略和自由贸易的构建表明态度，奠定坚实基础。

第三篇

浅析以实体经济发展为核心的供给侧结构性改革

根据《中华人民共和国国民经济和社会发展第十三个五年规划纲要》，转变发展方式与推动产业结构升级成为了目前国家经济发展的重要战略方向。国家明确“坚持发展为第一要务，牢固树立创新、协调、绿色、开放、共享的发展理念，以提高发展质量效率为核心，以供给侧结构性改革为主线，扩大有效供给，满足有效需求”，以此促进引领并适应经济发展新常态的体制机制与发展方式的尽快形成。

供给侧结构性改革的根本导向是建立并完善中国的现代化经济体系与结构，这一体系必须建立在产业结构建设与体制机制建设的基础之上，而结构与体制机制与改革优化又必须围绕供给侧结构性改革展开。如此，正确并深入理解“围绕结构深度调整，振兴实体经济，推进供给侧结构性改革”成为了理解把握中国现代经济发展方向的核心要义。在本文笔者通过相关概念分析、背景原因因素、改革行为措施与实体经济地位论证等四大方面对供给侧结构性改革进行分析，结合相关文献阅读与数据阐发一些个人的探究与思考并以此论证实体经济在国民经济中的核心地位和在供给侧结构性改革中的绝对重要性，最终得出个人观点：供给侧结构性改革的结构调整是多元化的，是以实体经济发展为核心的。

一、供给侧结构性改革的相关概念分析与现状

（一）供给与供给侧的概念

供给，是生产者在一定时期内能够提供且愿意提供的商品与服务量。从马克思主义政治经济学的观点而言，供给商品不仅仅包含了一定规模的使用价值，而且还实现了一定的价值量——换言之，生产者提供给市场并且被市场所接受的商品同时包含了价值与使用价值，供给侧在满足人类需要的使用价值的同时还凝结着一定的社会必要劳动时间的结晶。国民经济的稳定发展需要供给侧和需求侧达到均衡状态，其中供给侧是对应于需求侧的国民经济重要组成部分，负责为国民经济市场提供所需交易的商品，在相当程度上影响着国民经济的结构与效率，影响着国家经济发展的稳定与否、发展方向和速度。

（二）中国经济的供给现状

中国经济近年出现了明显的降速调整，经济结构的转型升级迫在眉睫。在中国近代经济发展的惯性轨道中，中国的产业结构与经济发展模式始终高度依赖投资，经济生产以要素投入为重，生产率技术水平始终没有得到足够的重视与提升。加之近代的历史原因出现了计划经济下的工业片面重型化与粗放型经济增长方式，供给侧出现产能的相对过剩使得传统发展方式难以为继，产业结构的高度性协调性缺乏对于中国的经济发展质量、环境承载能力与资源消耗水平产生了一定程度的不利影响。为了提升中国国民经济的可持续发展动力，供给侧

结构性改革应运而生。

（三）产业结构的概念

产业结构与部门结构是国民经济各产业部门之间以及各产业部门内部建立在一般分工和特殊分工基础上的相对结构关系与比例构成。产业结构关系根据部门划分标准、分为农、林、牧、渔业等广义农业部门，制造业、建筑业、采掘业等工业部门以及商业服务业等，不同部门可以分为更细化的结构形式，另外还可根据资源集中度水平、产业相关度水平和流通服务职能关系进行分类。

高度化高级化是指一国产业结构重心大体上由第一、第二产业向第二、第三产业逐次转移的过程，体现一国经济发展阶段发展水平静态的高低和动态变化方向。外在表现为就业人员劳动力的流动趋势与资本的流动方向以及部门产值、收入比例变动的过程上。

（四）中国经济产业结构现状

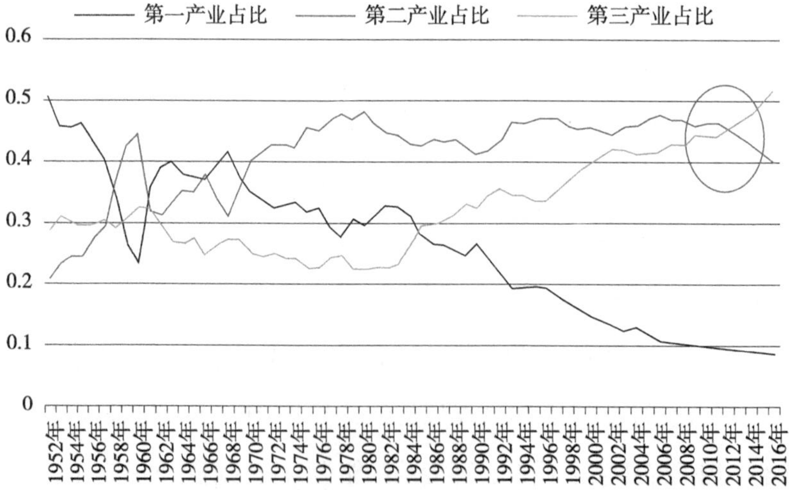

根据万得数据库数据收集与其他相关文献数据统计，笔者发现

中国近年来三次产业的比重逐渐开始接近国际发达国家水平。第一产业逐步下降至低于8%，第二产业比重稳定在50%以下且呈现下降趋势，第三产业比重不断增加并且在近年稳定高于50%并在2011年出现了第三产业比重首次超越第二产业。结合中国经济历年的体量增长，三大产业的绝对量亦呈现稳定增长。然而在数据背后中国的产业结构优化动力与可持续发展仍然存在较大挑战，对于能源资源的巨大消耗、农业科技的相对欠缺、地区发展极不均衡、高度依赖要素投入与政府投资等导致中国产业结构在相当程度上缺乏进一步迈入发达国家行列的持续动力，背后隐藏的危机使我们深刻意识到供给侧结构性改革的必要性紧迫性。

（五）实体经济与虚拟经济定义

实体经济是人类社会生存发展的基础和主导国民经济的有形载体，是社会劳动者通过思想使用工具创造价值并深刻影响国计民生的部门或行业。实体经济涵盖两方面内容，既包括农业、工业、商业服务业、建筑业等物质产品的生产和服务部门，也包括科、教、文、卫、艺、体等精神产品的生产和服务部门。

与实体经济相对应的概念是虚拟经济，虚拟经济活跃在资本市场，通过分析资本权益价格，以价格发现作为基本工具实现增量资本在实体经济各部门之间流动与分配。虚拟经济通过有效的信息揭示监管及相应的金融创新，与实体经济相辅相成，二者互相支撑，不可偏废。

（六）中国的实体经济与虚拟经济现状

中国经济近年重虚轻实的现象逐渐浮现，产业空心化成为众多企业当下发展的通病。事实上如果离开了实体经济的支撑，金融资产投资回报与资本运作就缺失了坚实的基础。目前以国有经济为代表，发展中普遍存在着“投资饥渴症”的问题，缺乏预算硬性约束的情况下发生资本固化严重与流动性的缺乏；部分业主制企业也出现了与实体产业的背离，空心化愈演愈烈。在这样的产业结构现状之下，通过政策扶持与鼓励民间风险投资推进现代企业制度，并进一步支撑实体经济发展成了改革中心。供给侧结构性改革的出现以市场需求为导向，迫切需要在促进高新技术产业发展并加快科技成果转化的同时加快中国经济结构的调整和升级，以技术进步保障实体经济的稳步发展，也为虚拟经济的发展提供充分的保证。

二、供给侧结构性改革的背景原因与必要性紧迫性

(一)供给侧结构性改革的理论背景

通过理论与文献阅读，我发现本次供给侧改革与西方供给学派的理论有一定程度的连通之处，生产的增长重视劳动力和资本等生产要素的供给和有效利用，但是相比之下结构性改革给予供给结构更多重视，而且中国供给侧结构性改革的时代背景与西方供给学派形成的历史背景不同。马克思指出一切真正重要的体系的真正内容都是为满足产生这些体系的那个时期的需要而形成起来的，英美的背景经验是完成了工业化市场化，经济结构和市场机制相对成熟；而我国目前工业化尚未完成，市场机制尚未完善，不能对英美的阶段经验照搬照抄。

以马克思的社会再生产理论为核心，融合西方经济学中现代经济

增长理论、产业经济学与制度经济学等适宜中国国情的理论，供给侧结构性改革提出要从供给侧出发优化经济产业结构与实体经济发展，同时强调结合考量实体经济的供给侧和需求侧——这些内容把马克思主义政治经济学中生产力生产关系理论与中国的实际相结合，对实体经济和经济结构赋予前所未有的高度重视，构筑起了供给侧结构性改革的理论基石。

（二）供给侧结构性改革的实践背景

从国内实践环境来看，改革开放以来我国经济持续以 9% 的均速发展，人均收入进入中等收入国家上层水平。但与此时期同时出现的还有“中等收入陷阱”，中国经济长期积累的成本、短板、库存、产能、杠杆矛盾能否化解，实体产业的产业结构能否进一步高度化，收入分配方式能否更趋合理化以及能否把握新时期国内外热点经济机遇……这些因素无不对供给侧结构性调整提出了时间、速度、质量的较高要求，使得实体经济发展的重视呼之欲出。

同时，民众生活由基础的数量扩张需求向高水平高质量的需求转变，社会主要矛盾发生变化。着眼于供给侧，中国旧有的发展动能不断退化，资源环境约束日趋严苛，经济体制仍需深化改革……以优质供给满足人民群众日益增长的物质文化需要是社会稳定发展的紧迫要求，因而必须着力推动供给侧结构性改革。

从国际实践环境上看，我国在国际专业分工中的低成本优势逐渐消失，传统的人口红利逐渐被新兴东南亚国家取代；科技创新多方面与国际领先水准存在较大差距，欧美高端回流的压力增大。这些变化迫切要求我国加快转变经济发展方式，推动供给体系结构转型和实体经济发展。

（三）国际环境

国际货币基金组织研究中心拉詹在21世纪初指出，许多经济问题是由市场运行中的问题造成的，而不是因为资源短缺或者总需求过剩或不足。在大多数经济学家眼中，此时显然需要进行结构性改革，即改变支配市场行为的制度架构和监管架构。由此拉开了国际结构性改革的序幕。通过对于相关文献的阅读和数据分析，笔者发现英国、法国、美国、德国、日本的市场经济建立以后，制度架构也存在着问题，政府与社会也对存在缺陷的制度架构进行了大规模的深入改革。从改革目标与改革背景而言这种体制机制的架构改革也是供给侧结构性改革的若干方面，是中国重新重视实体经济并推行供给侧结构性改革的国际环境经验。

东西方发达经济体对于体制机制结构的改革，建立了开放有序的市场体系，实现产业结构的优化和供给质量的提高并造就了发达经济体工业制造水平的飞跃。无论是发达经济体的经验参考还是当下发达工业国家把握技术龙头的高端制造业回流，给予中国经济压力的同时也提供了相关国际环境与经验，为中国供给侧结构性改革创造了机遇。

（四）国内环境

改革开放的初期，国民经济发展与产业结构的调整主要是通过行政指令或诱导政策进行的。然而政府由于信息充分性缺乏而无法定义结构的优劣，体制缺陷和政策偏差造成结构畸形，效果适得其反，过剩产能越调越多，产业内部结构变得越来越扭曲。以去煤炭过剩产能为例，行政机关发布计划指标之后把指标层次分解到各个部门、地区和企业。为了真正达到降低产能的目标，只能按企业规模与技术水平等硬性指标划分。然而行政部门会优先保护自己的产业，这导致效率低下的设备和企业并不能有效淘汰。

中国经济发展历史上行政方法调结构的致命弱点导致了供给侧结构性改革必须将去除过剩产能作为首要任务。当下国内经济体制未改善的同时仍然存在诸多其他弊病——政府行政干预过多导致的效率低下、预算软约束导致的忽视实体经济而重视资本投资运作、历史残留影响偏向重能耗发展、科研转化率低与自主创新能力弱等国内经济环境因素全部指向了供给侧结构性改革的紧迫性，对着力发展实体经济与体制机制产业结构改革提出了高要求。

三、供给侧结构性改革的措施探究与行为建议

通过对供给侧结构性改革的相关概念分析以及对理论、实践、国内环境、国际环境的初步原因分析，不难发现开展供给侧结构性改革是当下中国经济燃眉之急，对于中国走出中等收入陷阱实现国民经济稳定发展与突破障碍起到举足轻重的作用。结合相关文献与数据分析，我认为供给侧结构性改革涉及的改革方面是多元化的，涵盖能源结构、产业结构、区域结构、监管结构、分配结构、技术结构等多个方面，有助于理解“围绕结构深度调整”。第三部分将在政策文件已经提出的经济建议之外，根据中国经济结构发展现状补充提出笔者的 7 项行为建议观点，为第四部分实体经济核心地位的论证作下准备。

（一）权、责、利的边界界定

社会经济参与者的产权边界是否清晰决定了经济运行的成本与效率。以国有企业为例，国有资产“全民所有”，但是“全民”并未承

担起国有资产保值增值的义务，这种模糊的责任主体导致资产流失与经济效益低下。个人认为，权力、责任、利益三者关系的厘清与边界界定是体制机制结构改革的重心，国家应完善《公司法》等外部法律严格划定任意市场主体的权责利边界，建立适应新经济发展方式的监管结构体系，结合以实行微观企业内部权责利边界界定条款的审批制度，松市场、紧法制，以最大限度降低经济成本，实现产业质量结构变革、效率结构变革与法律监管结构变革。

（二）科技创新结构

科技创新是国民经济发展的第一生产力，科技创新是供给侧结构性改革中技术结构革新的先行力量。个人认为国家科技创新应加大对传统行业的技术更新投入，实现传统行业技术升级与新兴技术开发的平衡。具体的措施笔者认为可以分为两步实行——第一步推动第一产业与第二产业传统行业的技术研发升级，关键是实现全方位的技术铺展，涵盖农林牧渔、采掘、建筑、能源材料的技术提升，实现第一第二产业绝对量的大幅提升与比重的下降，在降低成本又环境友好的同时完成全要素生产率的跨越与产业结构技术结构的优化；第二步推动第二第三产业的技术开拓，关键是实现逐点的技术突破与布局。由于新技术开拓成本高，周期长，风险大，全方位布局所承担的崩溃风险无法得到有效等量补偿，因而笔者认为新兴高科技结构逐点突破的布局方案是兼顾风险与收益的决策，如此既能弥补技术领域短板又能占据国际技术领域的不败之地，是技术产业结构的有效战略。

（三）财税制度下的中央地方新结构

供给侧结构性改革下财税制度也应该同步变革，实现地区化特色化。以中央财政补贴为例，笔者认为中央对地方的专项财政补助对于不同地区产生的边际效用是不同的，应该调整不同地区专项财政补助与一般财政补助的比例——北上广深等一线城市地区的经济发展较为成熟且形成了自己的第二第三产业体系与特色，应将财政补贴大体上完全设定为一般财政补贴以实现效率的最优；成都、杭州、南京、天津、重庆等省市应尽可能降低专项补贴比例，尽量提高一般补贴比例，力促经济成熟化；对于内陆农村地区和西部欠发达地区，由于经济的脆弱性则应扩大调研范围，以第一第三产业专项补贴为主要稳定经济手段，在相对稳定的条件下小幅调节一般财政补贴的比例，专项辅助地区特色产业以尽快形成独立的地区性特色经济。如此形成的财税新结构有助于消除杠杆，降低经济发展成本并且调整地区产业结构、分配结构与效率变革，达到全国各地区共同协调发展。

（四）区域化评价标准与特色发展方向

与财税结构的区域化一同出现的应该是评价标准与发展方向的区域化，这对于区域产业结构高度化协调化与区域结构、能源结构优化至关重要。将全国各省份置于同等判断标准之下，势必对于各省份的经济发展产生不公的待遇，甚至会造成全国经济结构趋同而丧失比较优势与专业化能力，这种经济结构的“麻雀虽小，五脏俱全”不是经济效率所乐见的。笔者认为应先借助市场机制的运行，在起初阶段高度推行市场自由化来摸索出不同地区最适宜的发展路径，一段稳定时期之后回归经济发展相适应的轨道并通过财政税收种类、税率的减免来引导不同地区向最适合自己的发展路径上走。东部沿海地区应以第二第三产业为大权重进行加权评判，中部地区应以第一第二产业为大权重进行加权评判，西部地区应以第一产业与旅游业为大权重进行加权评判...... 更细化的地区应制定更细化的标准与战略。如此，地区经济发展分工合理化，实现去除库存、去除不相适应的过剩产能以及降低成本，产业结构、能源结构、区域结构都能得到优化改善，造福供给侧结构性改革顺利进行。

（五）经济体制机制结构建设

对于中国当下的经济体制与国家经济发展状况，机制保障是实现各项改革的关键要素。笔者认为供给侧改革成功的关键在于要革新机制保障大背景，明确相关的责任承担主体来优化激励约束。以市场主体公平充分竞争的监督保障为例，国务院要求从 2016 年 7 月开始全面审查原有制度政策与新政策，严厉惩处危害国家公平交易秩序与市场法制的行为。笔者通过文献和政策文件的阅读分析，觉得审查制度在机制保障方面仍有较多缺陷存在。政府指导意见是强化社会监督的基础上同时推动内部审查与外部审批，但是指导意见只针对内部审查提出了规范，社会监督制度体系与外部审批监管结构少有提及。作为补充笔者认为外部审批应该撤除重叠冗余部门委员会组织架构，全国设立统一的监管机构，同时撤销不相关部门的相关职能和不相关职能的相关部门，使全国市场行为监管置于统一的体系之下，以此实现制度结构与监管结构的高效运行与成本的降低。

（六）思想突破教条约束

一切实际的政策措施都离不开思想的推动，供给侧结构性改革的顺利推行，其长远的持续推动力在于思想的解放。如果经济发展依然沉浸在重能耗、重要素投入、重环境消耗、重外需与投资的思想教条，轻视生产力科技水平发展，轻视产能结构、技术结构、管理结构的优化改革，那么纵使在改革早期出现了雷厉风行的势头，也注定会在改革后期湮没于制度、理论的自我怀疑与舒适区的自我倒退，注定无法长久。我认为必须大力推进思想的解放，突破思想教条约束，积极结合马克思主义政治经济学理论与西方经济学相关理论，全面分析中国所处的实际经济发展阶段，实现思想理论结构的革新。在经济学思想突破约束的同时，笔者认为还要在社会进一步倡导和培育“工匠精神”的社会思想，形成弘扬工匠精神的良好环境和尊重工匠的社会氛围，以此在产业发展上形成有利于经济发展转型升级和创新发展产业结构环境。最终成为推动并维持供给侧结构性改革的强大动力。

（七）放开竞争，提高市场定价能力与市场机制运行水平

当下中国市场化水平尚未达到发达国家水准，仍然存在政府对经济干预过度、收入分配不均以及产品质量问题等经济发展过程暴露出的弊病，因而在实现供给侧结构性改革的同时也要推进市场化水平与市场机制作用力的提升。结合国有企业改革与社会产业结构调整的现状，笔者认为应继续提高市场化竞争与技术投入，放开石气、煤炭、钢铁、有色金属、水、电力、电信等定价机制，在社会全行业不同程度的积极引入竞争与技术转化。另外，政府对于价格、数量、质量的管控也应该以市场信号与市场机制为基础，以政府行政管理手段为间接性补充；对于农副产品、轻重工业品、土地资本等广泛实行市场定价并开放市场主体竞争。如此能最大限度发挥市场的价格发现功能，在价格、风险、激励、优胜劣汰机制的作用下将每个市场主体的行为规范化，市场参与者在微观利益的激励与行为目标的硬性约束下会调

整自己的产量、库存、杠杆比例，从而达到去除多余产能、消除过多库存、降低恶性杠杆与成本的目的，使得技术结构、能源结构、产业结构、市场结构合理化协调化。

四、振兴实体经济的核心地位论证

结合上述三点分析，经过论证我发现供给侧结构性改革最根本的要素是实体经济的振兴。供给侧结构性改革的理论背景、实践背景、国际背景、国内背景都建立在实体经济发展的基石之上，脱离了实体经济就没有国内国际的实践与经验；供给侧结构性改革的行为措施也全部围绕实体经济发展而展开——权责利产权边界的界定是为了提高实体经济的运行效率，防止实体经济发展过程中出现不必要的过高谈判成本；科技创新结构的改革是为了切实优化实体经济的结构与质量，提高全要素生产率技术水平，去除实体经济多余产能与库存，保障实体经济健康发展，调整实体经济行业结构、能源结构与技术结构；区域化评价标准与监管结构是为了确保政策的职能针对性与考核的公平性，赋予实体经济公平竞争的发展空间和市场秩序……由此，笔者发现供给侧结构性改革的所有举措的本质是提振实体经济的发展，为实体经济在经济新常态下提供完善的技术保障、监管保障、财税保障、制度保障、市场保障、区域保障、能源材料保障，使得实体经济在更加完备的环境中致力于生产力的提高与效率的提升。

视野跳出供给侧结构性改革，当我们关注于国民经济的整体发展可以更深理解实体经济的核心地位。实体经济与虚拟经济之间由于资本、土地、生产要素各方面的有限性存在竞争关系和替代关系。如果要素短期内单方向流向虚拟经济，就会导致实体经济发展有效需求无法得到满足、竞争力退化，而实体经济弱化，虚拟经济就会逐渐失去存在的依凭；一旦脱离实体经济，虚拟经济过度发展导致资产运作过热会使经济发展空心化泡沫化、扩大社会不平等程度，也会增加金融环境系统性风险，最终导致二者的螺旋衰落恶性循环。另外笔者发现，实体经济相对于虚拟经济具有利润回流周期长、革新成本较高、利润流动速度与盈收空间狭窄的特点，在发展过程中更加脆弱，对供给侧结构全体系的保障需求更迫切。

振兴实体经济是供给侧结构性改革的核心，根本在于微观主体活力与宏观调控的协调。以深化体制机制改革和政策调整，构建公平竞争的制度环境为重要任务的供给侧结构性改革，既巩固现代金融体系抑制虚拟经济的过度膨胀，也为实体经济的振兴提供全新动力。通过扩大有效供给，提升供给结构产业结构的效率与质量，解决实体经济多年积累的产能过剩、库存过多等存量矛盾使实体经济不断提升产品的附加值，满足消费者的消费升级需求——这是实体经济核心地位的体现，是供给侧结构性改革的根源目标，更是提升创新型国家实力与民族品牌国际竞争力的必经之路。

第四篇

浅论国有企业改革与现代企业制度

新中国成立之后，社会主义公有制逐步取代私有制形成了新中国的所有制制度。而伴随着社会经济的发展与政治经济领域的思想变革，以及党在社会主义建设道路上的摸索前行获得的经验积累，在改革开放之后变单一的公有制为以公有制为主体，多种所有制共同发展的新所有制结构。在这一背景下，作为国民经济主体地位之微观体现的国有企业也面临着改革的迫切局面。作为原本计划体制的微观基础，国有企业存在诸多弊端——自主权的缺失、专一性的缺乏、预算约束力的薄弱、责任主体的模糊、企业经济效率的低下、冗杂重叠的职能设置、资源条件的利用率低以及监督力量不到位等等。1993 年之前，国有企业改革先后经历了放权让利为主的阶段和承包经营为主的阶段，但仍然存在不彻底、未触及根本、基数问题、期限问题以及行为激励问题，于是 1993 年之后开启了国有企业的现代企业制度改革进程。那么现代企业制度究竟特点何在，国有企业又为何选择公司制作为目标？本文将通过现代企业制度的介绍与国有企业和公司制度的契合关系，并融入个人的思考展开分析。

一、现代企业制度特点分析

现代企业制度是以企业法人制度为主体，以公司制为核心，权责明确、政企分开、产权清晰、管理科学的新型企业制度。根据个人总结分析，笔者认为现代企业制度特点体现在七大方面。

（一）产权边界明确性

现代企业制度下，企业实现了法人产权和自然人产权的构建与相对分离，完成了股权的可流动性建设。在通过发行股票等市场方式募集资金之后，公司拥有的是法人产权，股本金额无法撤回但是保障了股份在二级市场的自由流通交易。在现代企业制度下，股东、董事以及相关管理人员与企业从业人员自身的自然人产权与公司作为市场主体的法人产权划定了边界，在法律上是两个各自享有民事权利、承担民事责任的平等的行为主体。产权边界的明确性使得财产资本归属、职责与权力分配得以明了。根据科斯定理，界定清晰产权边界可以提高企业整体效率，是现代企业制度的重要基础。

（二）权责职能独立性

现代企业制度建立了法人治理结构。根据公司法的阅读，可以总结出法人治理结构以股东大会为最高权力机构，董事会为最高决策机构，监事会为监管机构，经理层及以下人员为执行机构。这种权力、决策、监督、执行相互分离的结构架设反映了权责职能的独立性，而这种独立性造就了企业运行的平衡稳定，使各个层级的企业人员在规则框架之下各司其职尽其所能完成所辖部门的职能，巧妙利用了人员的比较优势，使总效益达到最大化。

（三）决策经营科学性

企业的各项重要战略规划由股东大会通过董事会做出，股东根据自己的股份占比享有不同的控制能力和决策干预能力并借此展开商议与博弈，最终的投票结果反映出了股东们总体的利益诉求和对公司重要发展议题的观点；监事会对企业内部行为的公正性正义性进行分析，杜绝暗箱操作与利益勾结；职业经理人制度使所有权与经营权分离，增强经营科学性。在现代企业制度下，权力层相互制衡，决策层广纳意见，执行层权责利明确，体现了现代企业制度的决策经营科学性。

（四）运营风险可控性

企业处在市场环境下不可避免地面临风险，但是在现代企业制度下运营风险是可控的。一方面控制力来自于权力分层的内部治理体系，在保护个人利益的目标下，股东监控企业战略风险，董事会监控企业决策风险，CFO 监控公司财务风险，经理监控企业运营风险；另一方面有限责任制度保障了资金投资风险是可控的，以投资额为限承担责任而不承担公司债务，实现风险锁定。在公司内部体系健康正常运行的前提下，运营风险的产生与损失是完全可控的。

（五）行为目标竞争性

现代企业制度下企业的行为与目标具有充分的竞争性与盈利导

向。身处市场环境，必须秉持丛林法则以实现自身的生存与利润最大化。面对完全竞争市场，现代企业会积极降低成本提高质量参与竞争；面对垄断竞争市场，现代企业会打造品牌创造多元参与竞争；面对垄断市场，现代企业会积极提升技术突破屏障或是提升综合实力巩固市场份额。现代企业制度的企业在生存压力下均采用动态竞争态度，在资金的硬约束下以盈利最大化为目标，以行为目标竞争性为特点。

（六）要素流动持续性

现代企业制度的企业在市场机制的催化作用下理性运用市场信号与市场作用力，在价格机制、风险机制与竞争机制中保持与要素市场的联动与互通。生产要素在企业的主观行为作用下自由持续流动，劳动力、资本、土地、信息、资源、技术等生产要素在市场企业正常运行状态下不会出现停滞断裂情况，现代企业在一般情况下不可能脱离要素市场独立封闭生存。企业的目标是实现持续盈利，决定了整体的要素流动呈现持续自由运动的特征。

（七）内外环境开放性

现代企业制度下的企业与要素市场之间保持持续连通，一定程度上使得在涉及企业发展的更多方面几乎都保持开放性。本企业与市场同质企业保持开放，促进竞争与相关领域互补合作；与异市场企业保持开放，推动产业链技术共享、市场利益分享与信息平台垂直搭建；与国际市场保持开放，推进全球化战略发展、市场份额占领与国际差异经验吸收改造。不仅积极走出去，更欢迎外界走进来，这种内外环境的开放性成为了现代企业的鲜明特点。

二、国有企业选择公司制的原因分析

以现代企业制度的特征分析为基础，我们进一步对国有企业选择公司制的原因展开分析。个人认为有八大原因。

（一）提升经济效率与质量

早期国有企业的资金来源于政府拨款，这种预算软约束使得国有企业缺乏足够激励提升经济效益与竞争力，这又导致国有企业相对于外界要素市场的封闭性进一步加重，形成依赖政府－能力弱化－更依赖政府的恶性循环，导致政府成本在成效不变的同时节节攀升。国有企业逐步成为效率低下内部冗杂的国家经济负担，提升经济质量迫在眉睫。选择现代企业制度公司制，国有企业能够通过硬化经济约束，转换行为目标以及内部权责利分离等措施提高决策与运营的科学性与活力，使国有企业的经济效率得到提升，对国家经济发展的作用力从反向变为正向。

（二）减少非必要的国家财政负担

国有企业在改革之前存在专一性的缺乏与主辅业不分，即企业广泛地办理社会职能如开设职工医院、学校等，社会保障内部化。这种做法造成了资源的极度浪费、比较优势严重埋没以及企业冗余、职工积压，造成了非必要的国家财政负担。选择公司制之后精简人员，公司体系存余人员都是必不可少的有机组成部分，国有企业削减了庞杂又冗余的职工规模，同时现代企业制度下在职人员各司其职发挥专业化比较优势，实现一定财政支出下企业效用的最大化输出；同时规范国有企业市场主体行为，职工保障社会化，总体上有效减少非必要的国家财政负担。

（三）腐败问题的凸显与反腐工作

国有企业以及相关的国家重要行业如石油、天然气与军工科技在20世纪中后期出现不同程度的腐败现象，腐败问题已然成为关系国家稳定与人民生活的关键话题。反腐工作是捍卫党政稳定与社会安宁的必要条件，而国有企业反腐便成为了核心。常规的业主制度企业无法满足反腐的根本需求，极易出现腐败势力抬头；选择现代企业制度公司制可以借助决策、监管、执行等权力的相互牵制，大幅升高腐败的难度。现代企业公司制度配合以外界法制环境，能最高效地遏制并解决腐败问题的产生与发展。

（四）世界金融局面、人民币国际化与资本市场运行

国际金融环境波诡云谲，资本市场风险长存，人民币在这一金融环境下逐步走向国际化挑战巨大。国内资本市场作为人民币国际化与中国金融成熟化的基石，肩负着重要的职责；而国有企业作为国民经济的主体力量，在资本市场建设上亦承担着莫大的责任。选择现代企业制度公司制而非业主制，国有企业实现上市发行资金融通与股权分置改革，以实体经济力量的稳定器效果推进了国内资本市场的发展与稳定，为人民币在世界金融结算体系中的地位提高与中国金融市场体系完善等进步做出了贡献，也注定对中国金融的稳定发展与融入世界金融体系产生深远的影响。

（五）中国的国际化经济决策

自20世纪末以来，国际贸易环境中的贸易保护主义时常有抬头

迹象，给全球自由贸易秩序带来一定冲击，也为中国的国民经济发展增添了变数。中国欲通过积极开放的国际化经济决策实现打破贸易围堵，国有企业作为国民经济重要支柱，改革需求刻不容缓。由于国有企业受到市场化、国际化的竞争压力以及中国逐步加强国际经济事务参与度与领导力的国际化经济决策推动，使国有企业的要素流动、开放程度以及产权股权流动性产生了迫切的提高需求，因而必须选择现代企业制度公司制改革以吻合发展大势，同时这也为改革后“一带一路”战略规划的形成、亚洲基础设施投资银行等中国特色的国际化经济倡议与决策的建设做下了铺垫，助力中国经济持续平稳开放共赢发展，维护中国国际经济利益。

（六）社会价值观念的影响

中国特色社会主义核心价值观是人民生活行为决策的核心道德指导，国有企业改革与否、如何改革都与社会价值观念的培养与形成有密切的关联。国有企业不改革，庞大迟滞的国企体量与职工保障易使社会形成怠惰心态，缺乏生产进步积极性与能力提升竞争性。国有企业选择公司制改革，一方面呼应了近年大众创业万众创新的社会企业文化，受到社会心理的引领而成为创新型国家建设宣传的标兵；另一方面通过公司制度的内部权责制约与内外部开放竞争，可以精简企业体量，迫使企业与从业人员必须探索维护生存的能力提升的方法，反过来塑造重视创新活力、重视人力资本、积极进取、敢于开拓陌生领域的社会价值观念，有助于社会主义和谐社会的建立。

（七）市场化认知的持续推进

原先的计划经济体制存在资源配置低效率与经济结构的严重扭曲，

随着中国社会主义建设的经验逐步积累，经济体制理论教条逐渐被打破，市场化认知也逐渐深入。经济领导层通过计划体制与市场体制的理论实践比对，深刻认识到市场机制在资源配置方面的高效，这一观念转变潜在的决定了国有企业公司制改革的必然性。国有企业选择现代企业制度公司制改革反映了社会主义经济建设的市场化认知的深化，依托公司制实现产权明确化，职能独立化，经营科学化，资本股份化以及要素市场化，扩展了市场定价范围与市场机制推动要素流动。市场化认知的持续推进是国有企业改革选择公司制的一大重要原因。

（八）科学技术的快速发展与生产率提高

科学技术是第一生产力。国有企业摆脱旧有的发展模式而转向公司制改革，根本性基础性条件是国家科学技术的快速发展与生产率水平的提高。如果生产力科学技术发展不充分，那么采用现代企业制度公司制改革对于国有企业而言无异于空中楼阁，相关的公司制度建设、职能分离、权力制约、股权产权多元化等脱离了实际生产能力不可能实现。中国近年生产率与技术的逐渐成熟与科学技术较为广泛的应用决定了国有企业改革的硬性生产力条件较易被满足，保障了旧有企业模式的革除与公司制运行过程中不会产生适应过程的剧烈震荡，维护国民经济有潜力的平稳上行。科学技术的快速发展是国有企业选择公司制的基础原因。

三、对国企改革选择现代企业制度的一些思考

总结了国有企业改革选择公司制为目标的八大原因，结合当下的市场状态，笔者又产生了关于这种选择的一些思考。

（一）国企上市后的资本流动市值影响

上市后的企业股份在二级市场进行交易，势必存在国际短期游资投机对国内经济与证券市场的冲击。而国有企业作为国民经济的主要支柱，国际资本的股份控制与投机行为会给民生与国家安全带来挑战，那么对资本市场的资本流动是否应该采用怎样程度的监管？通过公司法和证券法的阅读分析，我认为国内 QFII 制度仍然有进步空间，可以借鉴 QFII 制度的国际化经验，进一步强化境外投资者的资格审核，应该在 QFII 总股份比例不变的同时新增更贴近国情的审核标准，控制外来资本对本国国有经济独立性的影响。如此既可以避免政府过度干预以保障效率，又可以规范资本市场行为秩序，实现国有企业公司制改革和维护国有经济安全的双赢目标。

（二）重要民生安全领域的国企控制力讨论

近年关于放开私企生产食盐的讨论掀起热潮，这也引发了笔者对于以食盐为代表的民生安全领域国企控制力的思考。现今国企的股权绝对控制力主要集中于电力电信、石化军工等国家战略行业，民生安全领域似乎处于交界处的灰色地带。结合对中国企业文化发展现状的思考，个人认为放开民生行业私有化的风险较大，易产生对国家人民生活安全的不利冲击。关乎民生问题的国有企业在采用现代企业制度公司制改革后也应该与有色金属，装备制造与钢铁等领域保持一致，主要实行国家绝对控股，在市场波动趋于稳定、市场主体行为趋于规范且外部法制环境全面体系化之后可以考虑一部分相对控股。在确定民生安全稳定的前提之下实现股权与资本的进一步流通，实现安全与效率的同步保证，这也是国有企业公司制改革的核心要求。

第五篇

马克思主义政治经济学的自由内涵与现实意义

【摘要】“人的自由”与“资本自由”是马克思主义政治经济学的研究的本质要义。马克思主义政治经济学作为经济学的重要组成部分，以历史唯物主义为根本研究方法，其对于自由观的理解具有独特性，专业性与时代进步性。在探究历史唯物主义理论中生产力和生产关系的辩证关系基础之上，进一步探索微观个体“人的自由”与宏观总体“资本自由”的意义，有助于我们对马克思主义政治经济学具备更深入的理解，并推动我们运用所学理论为当下经济发展提出新的想法与主张。我国经济发展进入新阶段的当下，为形成中国特色社会主义政治经济学创造新的思想，应全面运用马克思主义政治经济学研究“人的自由”与“资本自由”辩证关系的优势方面并将这种全新的自由观投射于现代生活的方方面面。

【关键词】马克思主义政治经济学，人的自由，剩余价值，资本自由，全球化，自由观

一、马克思主义政治经济学的诞生与理论架构简述

19 世纪 30、40 年代，产业革命在英国已经基本完成且逐渐向其他资本主义国家延伸。同时，在政治上无产阶级作为一支独立的力量站上了历史舞台。1831 年法国里昂起义、1836 年英国宪章运动以及 1844 年德国西里西亚纺织工人起义等工人运动的经验教训为马克思主义政治经济学的诞生创造了客观条件。在技术与社会的双重变革下，马克思和恩格斯创立了无产阶级政治经济学，即马克思主义政治经济学。马克思主义政治经济学是资本主义经济发展走向成熟，无产阶级作为新生力量的代表登上政治舞台与政治双重革新的理论表现。历史上的古典政治经济学和空想社会主义都为马克思主义科学社会主义理论体系和政治经济学的建立提供了坚实的理论根基。马克思提出，物质资料生产是人类社会生存和发展的基础。马克思主义政治经济学将物质生产置于基础地位，并在确立物质生产是社会生存发展的基础之后探索人类社会物质资料生产、交换以及与之相匹配的产品分配与消费的规律。马克思主义政治经济学在继承古典政治经济学、庸俗经济学、资本主义经济学中的科学观点之余，广泛研究西方资本主义经济史的大量历史现实材料并随之，马克思以劳动二重性学说作为枢纽创建了具有科学价值的劳动价值论和剩余价值理论，并以此为基础诞生了社会资本再生产理论、资本积累理论与生产价格理论等重要理论体系，揭露了无产阶级和资产阶级对立的根源。

马克思主义政治经济学的创立，明确表明政治经济学所要研究

的不是外在的表层事物，而是事物现象背后的人与人之间的关系，马克思主义政治经济学对历史唯物辩证法的运用主要体现在抽象法、矛盾分析法与逻辑与历史相一致的方法，并非僵化的思维教条。马克思主义政治经济学提供给我们的是具有历史性的研究经济现象的科学方法——它在特定历史条件下所提出的某些具体结论，在其他的历史情况下可能就不能简单模仿生搬硬套，而应该结合具体的历史条件进行改造分析运用。马克思主义政治经济学反映了不同时代的鲜明特征并鼓励我们以主观能动性认识并利用经济规律。马克思主义经济理论在创建之时是紧随社会经济条件变化和经济实践理论的发展而发展的，通过研究当时相对成熟的西欧各国资本主义经济体系，揭示出了资本主义经济发展的规律、资本主义生产过程的实质和多层面经济关系、生产关系的特点，通过阅读相关的经济学著作，结合现实生活的经济案例，也使用了大量的以英国为代表的官方文献和统计资料，马克思有力的阐明了资本主义经济运行的规律。他对资本主义经济进行规范分析，提出对这个世界的构想的同时，也结合实证分析从客观角度解释世界发展的根源性原因，使得整体理论更具有说服力，这不仅适用于具有悠久发展历史经验的资本主义国家，对社会主义国家的经济建设也具有深远的参考价值。

二、马克思主义政治经济学的剩余价值理论

马克思剩余价值学说是马克思主义政治经济学的重要理论基础，在承接了劳动二重性学说的同时衍生出了资本积累理论、社会资本再生产理论与生产价格理论等重要分支，批判了资本主义生产关系的剥削实质，将社会生产力迅速发展的历史条件下人与人之间关系的物化

与人自身的异化设定为讨论对象，使得马克思主义政治经济学剩余价值理论具有超越时间与地理限制的现实意义。马克思通过深入研究人的具体劳动与抽象劳动，私人劳动与社会劳动以及人的劳动产品，详细阐述剩余价值来自人的劳动，通过价值与使用价值的分析设想出消除社会不平等的共产主义蓝图并真正体现了“以人为本”的现代社会理念。在新时代背景下实现中国特色社会主义的和谐发展，需要深入分析马克思剩余价值学说，重新审视“人的自由”与反异化过程的价值的现实意义，将人之自由的理论进行创新性的发挥与运用，从根本上改变人依赖于物的极端化倾向与商品拜物教的异化生长，积极探求人在现实环境下对自由的新定义和全方位发展的实践道路。

（一）剩余价值的相关分析

马克思在对相关数据与历史案例的分析之后作出判断——资本主义生产过程是劳动过程与价值增值过程的统一。只有通过劳动过程，物质资料才能被生产出来以满足人类的基本生存需求，劳动者才能运用劳动工具对生产资料进行工作，使其实现预定的变化，生产出满足生存发展所需要的物质资源与使用价值。资本主义劳动过程出现了产品与劳动分离，人在劳动过程中所产生的异化是人类社会发展的附属产物并非最终结果，社会剩余价值的产生与人在资本主义雇佣关系下的异化是相伴随的。剩余价值来源于价值增值过程，而价值增值过程是超过一定点而延长的价值形成过程。从人类诞生以来，剩余劳动伴随着人类而不断发展，是社会发展的物质基础，体现着不同的社会生产关系。

马克思指出：“剩余价值率是劳动力受资本剥削的程度或工人受资本家剥削的程度的准确表现。”通过剩余价值率来测算剩余价值生产的基本方法，并且探索出预付可变资本的数量与剩余价值率影响了剩余价值量的产生这一抽象结论。对绝对剩余价值生产与相对剩余价值生产的追求使社会生产模式从协作转向工场手工业并进一步向机器大工业发展，作为资本主义的基本经济规律——剩余价值生产规律作用下劳动者的劳动时间不断延长，自由度不断下降，经济总福利上升的背后也同时造成工人“人的自由”的高度被剥削。

（二）剩余价值与“人的自由”的关联

马克思建立起独有的哲学体系，首先探求人之所以独特与外在自然生物的本质特征。认为自然界一般生物的生产只是按照“它所属的那个尺度，只生产自身”来完成，而人则是按照“美的规律，生产整个自然界”来创造自己的生命与生活。这种建立在批判继承哲学辩证法基础上的“生产自身”与“生产世界”的差别决定了人对于自由的深刻领悟与独特理解。人的自由以及人类在社会的生存方式一直是马克思主义政治经济学的重要探究内容。人对于自我意识的发掘是自由意识产生的雏形，从自我的劳动出发，对外界的劳动目标与剩余价值的生产产生自己的理性独立思考，通过自由、自觉的劳动完成外在自然的外物化与对象化。机器大生产伴随生产力需求而产生，资本主义生产关系进一步伴随机器大生产而同步相辅相成出现，现代工厂制度与相关的社会工厂立法又进一步加剧了社会分工，导致社会经济状况中分工日趋细化，这种细化一旦达到极端就会是人的自由度受到减损甚至丧失。随着社会科学技术的发展与应用，人的肉体劳动与纯粹意义上的劳动付出价值逐渐被机械与技术替代，人的主体能动价值受到生产过程价值观的否定。必须承认的是，技术应用的确提升了工作效率，的确造就了劳动技能的专业化与可贸易化、市场的兼并扩张以及生产与社会资本的积聚，的确促进了社会经济总福利的上升，但是在人的自由层面同时导致了人的异化。“物”在人类的经济发展过程中起到越来越重要的引导作用，人类对“物”的使用角色逐渐转化为隶属性质，从物的主人逐渐演化为物的奴仆。劳动者与雇佣者之间的人身依附关系与人与人之间的社会生产关系，随着社会生产力的惊人发展与资本主义生产关系的诞生而发展为人与物的单向依赖关系，换言之，劳动是人类作为智慧生命体生存发展的必要手段，在一定历史条件下是人类存在的标志，但在近代的历史发展与生产关系改变中逐渐成为了剥削人的自由的首要工具。与此同时，人被机器工业生产环节紧紧禁锢，形成了为生产线服务的状态，这种状态导致人无法在各种社会角色与社会秩序中及时调整，进而无法发挥出最大的社会效益。马克思通过研究资本主义生产的总过程、剩余价值与利润的转化，揭露了剩余价值是由工人的剩余劳动创造却被资本家无偿占有的实质，认为“只有消灭雇佣劳动，才能寻求自身解放”。由此我们也可以进一步总结出，早期剩余劳动生产作为人的本质生存力量的对象化，从一定程度上推动了人的自由发展；近代资本主义生产关系下的剩余劳动生产则开始演变为机器主导下的人的被役使，剥夺了人的自由。因而，剩余价值理论是“人的自由”的逻辑源泉与理论催化剂。

（三）“人的自由”的内涵

对“人的自由”的重新关注是人被劳动异化的情况下对真正人的本质的理想追求体现。从人的本性与自由发展而言，近代畸形化的剩余劳动生产已成为个体自由的桎梏，在自然对象外在化过程中人逐渐丧失了自我，在广义商品拜物思想的驱动下失去了自我的独立理性意识与自由追求。机器大工业生产中，由于剥削关系的吞噬，人的主体意识趋于消解，劳动成为对自我的束缚与否定，产生近现代社会人作为社会个体的拘束感。马克思主义政治经济学剩余价值学说批判了资本主义雇佣劳动关系，揭示了这种社会生产方式在资本主义剥削性剩余劳动下终将退出历史舞台。

“人的自由”的内涵可以从总体与细节两方面分析。从总体而言，关于“人的自由”的研究唤醒了人的自觉自发斗争意识，可以达到从根本上实现全人类的解放，实现人作为社会个体的全面自由生长与发展与作为社会整体的协调共存共荣。为了消除人被物所役使的自由度残缺，需要突破人内在对自我意识的麻痹和人与人之间社会关系的框束，在此基础上进一步追求社会的进步与人作为人的积极向上态度，而这恰恰是建设共产主义社会的本质要求。

从细节角度而言，“人的自由”内涵主要体现在三个方面（个体个性自由支配、社会生产力生产关系自由与人生价值认定的自由）。首先，对于人个体而言，“人的自由”观念有助于促进人在自然属性、社会属性与精神属性的个性化发展，并且激励人提升自己的个人整体素质与能力。在现代社会竞争激烈的当下，自由已不再是单纯意义上的为所欲为，而是在规则运行之下的轻松生存。人都是理性的，都会为自己的个人利益谋取福利，这就与“人的自由”一拍即合。在“人的自由”引导下，个体会坚守自己的自然、社会、精神属性的个性化存在。同时，个体也会很快认识到只有提升自我的整体能力才具备了追求自由的前提，这对于提升人的综合能力与福利具有极大的推进作用。其次，“人的自由”可以推动社会脱离外物的过度束缚，在实现人与物的脱离的条件下解放社会生产力与时代进步的步伐。当一个社会充斥着被物所统辖控制的病态氛围，社会整体的眼界变得越发短浅，社会整体的核心价值观囿于物的框束，社会发展的视角只有缺乏生命力的“物”而非本应运用“物”作为辅助手段实现自我提升的“人”。这种将人矮化，将人的主体地位让位于外物的社会心理终会导致社会整体的疲敝、缺乏生机，轻者社会停滞，重者历史倒退。只有关注“人的自由”才能从正面推进时代的进步并及时弥补历史遗留的缺憾，使得社会可以根据均衡平衡的和谐轨迹进行发展并以此为契机强化完善社会法制治理。最后，“人的自由”促进“人”这种哲学对象实现自我的肯定，最终的意义是为了人本身的境界提升与意识存在。人们不仅享用他人的劳动产品，自己的产品也被全社会共同消费，这种社会化的存在形式把个体与种群相连接，并通过分工和扩大再生产不断深化。人作为这个发展过程的主体，也是发展的最终目的，人们通过创新不断满足自身的需要，最终实现人本身的发展。“人的自由”推动了社会关系的和谐化，使人与人之间的社会生产关系更加进步协调，也使人与人的社会交往更趋共荣理性，而这一切都有助于“人”实现其心理价值范畴的自我肯定，最终使得“人”超脱于作为生物的存在，作为智慧体的存在以及作为世界建设者的存在，而是真正作为一个哲学对象获得生命意义的归宿。

三、马克思主义政治经济学与资本相关理论

（一）资本积累的分析

资本积累的本质是两极的积累——财富在资产阶级的积累和贫困在无产阶级的积累。马克思所分析的资本积累一般规律揭示了资本主义积累与资产阶级财富积累同无产阶级失业、贫困之间的本质、必然、内在联系。资本积累的增长使得资本有机构成逐渐提高，进一步激化了资本积累过程中的阶级矛盾与利益冲突。从马克思的定义而

言，资本积累是资产阶级迫使生产资料与生产者相分离的过程。这一过程在资本主义经济发展的过程中逐步强化收缩，积极意义上为资本主义生产关系的确立打下坚实基础，使社会生产力得到前所未有的解放并推动社会经济持续向好，并且为资本主义经济的发展奠定了强大的物质技术基础。然而我们并不能忽略其负面效应——生产是逐渐社会化的，要求生产资料与劳动产品为社会共同占有支配，而资本积累则使得生产资料反而向少数资本家积聚，加剧了资本主义社会的矛盾冲突与制度不稳定性。资本积累本质上是“资本自由”的先决准备条件。

（二）资本循环的分析

资本的循环运动会经过三个状态——购买、生产、销售，与此相对应的资本职能体现为货币资本、生产资本与商品资本。在购买阶段，货币资本所购买的不只是一般商品，而是作为资本主义生产要素的生产资料与劳动力商品。货币形式资本充当的职能包含了价值尺度与支付手段，其所实现的购买与出售关系为剩余价值的产生奠定了基础。货币，这一游离于商品世界之外的，固定的充当一般等价物的特殊商品在购买阶段中转化为生产资本的一般等价物一般商品，并由此过渡到生产阶段。在生产阶段中资本家使用购买阶段得到的劳动力与生产资料进行商品使用价值的生产。在资本主义经济制度中，劳动力与生产资料的所有制形成了独特的资本主义生产关系，生产出的不仅仅是一般的商品，更是创造出了社会总体的剩余价值。资本循环的第三阶段是销售阶段。在销售阶段，商品及其使用价值从生产领域又一次进入到流通领域，并通过交换这一关键行为，将私人劳动转化为社会劳动，将使用价值转化为价值，将具体劳动转化为抽象劳动，展现出剩余价值的存在，并实现了商品资本重新回归货币资本。

产业资本循环的三个环节与资本形式的三种状态相互呼应，资本在不断的循环中实现源源不断的剩余价值的积聚，是实现价值增值的基础要素。资本的循环是剩余价值产生的基础，也是“资本自由”的重要组成部分。

（三）资本流动的分析

资本流动是“资本自由”最直接的体现，表现为不断重复、周而复始的资本循环过程，是资本循环的强化阶段，从资本运转的速度层面解释了资本运转速率对剩余价值生产的影响。资本周转速度、资本周转时间（生产时间与流通时间）以及资本周转方式三大要素创造了资本流动的大体面貌。可变资本的运转速度越快，等量资本发挥的市场作用越大，在资本主义生产关系中剥削的劳动力数量越多，从而促进了剩余价值的产出，反之亦然。资本流动承担着“资本自由”的最终实现形态，是资本积累与资本循环的承接性目标。

资本积累、资本循环、资本流动三个方面对“资本自由”做出了基本的诠释。世界近现代史中经济全球化的趋势明显加强，国际资本流动已经成为经济全球化的主要表现形式和重要载体。巨额资本在国际范围内的迅速流动一方面促进了金融资源在国际间的微观宏观优化配置，为全球经济增长注入了新的活力，但同时也不可避免地产生带来金融风险，甚至酿成全球性的经济危机的风险。

由此，我们对“资本自由”内涵的理解迫切需要提升到新的层面。

（四）“资本自由”的内涵

“资本自由”在现代社会的价值与其具体定义饱受争议，世界经济学与金融学界为了世界经济福利的提升的统一目标而分为了两种思想派别——自由主义与国家干预主义。自由主义所定义的“资本自由”的实质是资本所处环境与状态在流动过程中不断变化使得资本管制的边际成本高于边际收益。在资本主义近现代发展过程中，自由主义逐渐脱离理论的单一性与局限性，开始在实践层面对世界的政治经济秩序产生根源性的影响。“资本自由”对自由主义者的内涵在于消除对资本流动有阻碍作用的制度因素，减少金融管制，开放资本交易市场。

与自由主义相对立的是国家干预主义，其认为信息不对称性、市场势力与正负外部性的存在导致了市场无法有效运行，政府介入有助于纠正市场失灵。核心思想是强调国家管控对于资本流动的有力引导，极力主张运用国家宏观调控实现其所定义的资本的健全健康型自由。

然而在笔者认为资本自由既不能完全排斥国家干预，也不能完全对金融与资本市场进行自由放任的管理，应该针对特殊的资本对象加以适当管控。在对象化管控的前提下，“资本自由”的内涵可以划分为三个方面——微观个体方面、微观企业方面与宏观国家秩序方面。首先，对于微观个体而言，资本自由使得金融资源与资本资源在社会上得到更合理的分配，社会商品的价值在交换中更易于实现，更趋于均衡，从社会上个体的福利而言，社会的总成本由于规模经济的形成而更低，成本在价格上有直观的体现，而价格最终又返利于社会上的消费者个体。与此同时，正向外部性也因金融资本的自由流动调配与资源的合理化分布而逐渐增大，这种正外部性给予社会个体的激励使社会最优量与社会均衡量逐渐靠近，使得社会总剩余最大化。“资本自由”在某种程度上的确会使得社会财富的两极化更明显，但这种两极化是根据社会个体的能力与需求进行的合理安排配置，仅仅牺牲了少部分劳动者的少量利益，却换得了社会总体工人与总体社会成员的福利大幅提升，对于社会个体发展与社会总体而言是合理而有效率的。“资本自由”的起始点是社会个体，而最终的福利归宿也是社会个体，体现出“资本自由”的人本主义色彩和造福全人类福祉的根本目的。

其次，从微观的企业与市场大型参与者角度而言，“资本自由”的内涵是现金流、资本流的周期性运行以及这种周转带来的价值增值。随着金融体系的建构完善，金融与资本从本来的相对均衡，同步发展逐渐转变为资本脱离原拥有者而集中向资本的高度需求者转移。缺乏资本自由的情况下现金与资本是相对固化的，抛开资源产生效益的考量而仅仅是从社会公平的视角出发，几乎完全忽略社会经济效率。资本在其所有者处得不到高效地使用，所有者对过剩资本也缺乏相关的能力与需求去处理；相应的，真正的资本需求者得不到紧需的资本而出现社会生产发展的停滞。在资本自由的框架之下，现金与资本出现了高速的流动，货币的职能从交换媒介转向了计量流通，金融资本资源汇聚到需求者手中，生产得以扩大，资源配置得以合理化，企业与市场参与者规模得到有效扩张，资本供给者同时获得了本来无法得到的价值与使用价值。“资本自由”为微观企业与市场大型参与者提供了极为广阔的发展平台，是全社会的效率达到极致。

最后，对宏观国家与社会而言，“资本自由”的内涵在于缓解国家国际资本不均衡的现象，推动国际多边往来与合作。在制度上促进了对冲基金、期权交易等金融衍生品工具的出现与发展，使金融体系趋于成熟化，从侧面提高激励了金融资本领域抗系统性风险的能力。人是理性的，会对社会激励做出反应。资本自由主导下的经济金融秩序注定会存在一定程度的风险，这种风险形成了一种激励，一方面激励社会对资本行业科学立法、严格执法、公正司法、全员守法，加紧了资本法制建设；同时，也对现行的金融抗风险能力提出了新的要求，刺激其向更成熟更完备更坚实的方向去发展，有利于社会整体的进步与推动历史发展。

四、马克思主义政治经济学的自由观与历史例证

（一）“人的自由”的历史发展例证

“人的自由”最鲜明的体现是欧洲17、18世纪资本主义的逐渐兴起与迅猛发展。我们可以发现在西欧资本主义经济发展较早的地区（如意大利北部地区），手工工商业的个体户的分散劳动与私人手工业对社会经济发展承担了主要职责，然而这种劳动方式无法避免地产生生产率低下、生产商品无法满足统一国民市场需求的问题，无法满足当时社会日益萌生的商品经济发展的迫切要求。为了将社会的生产效能发挥到极致以满足商品经济蓬勃的交换需求，就必须按照生产力发展的规律，将小规模的私人商品使用转化为社会劳动，进行集约化改革形成手工作坊与工场手工业，在集体劳动过程中实现专业化与技能贸易，从而发挥协作和分工的优势，使得每一个劳动力都能将自己的劳动效益发挥到最大化。在社会经济体系生产力即将出现变革的大背景下，小规模的个体手工业逐渐被合作型分工型的集体化商业取代，封建生产关系替代为资本主义生产关系。少数垄断占有大量货币财富的人通过购置生产资料并雇佣社会自由劳动力，把他们聚集起来，形成相对较大规模的工厂或企业。通过将工人集中于统一的工作场所，并且制定严格的管理规章制度与技术操作规范，将机械设备

的生产能力发挥到最大化，也将工人的劳动潜能发挥到最大化，实现经济效益的提高。这种生产资料资本主义私人集中占有的生产关系与生产资料所有制的改换，在提高生产效能的同时也使得社会劳动者逐渐失去了私人手工业与工场手工业时期的独立性与自由性。在剩余价值的追求之下，资本家在劳动时间与劳动强度上对劳动者提出越来越苛刻的要求，资本主义剥削性质越来越明显。资本主义经济发展是伴随着机器大工业同步前进的，工厂制度也应运而生。工厂制度使流水线生产成为了生产的主流方式，机器的价值转化到其所产出的商品价值，机器的极高产能占据了生产系统的主动脉，劳动者从生产过程的主动者沦为机器的附庸，人的主观能动性无法得到实现与价值的展现，无法得到社会的承认肯定。“人的自由”从工场手工业的高度自由突变为机器大工业时代的完全无自由。随着工人阶级的意识觉醒，社会立法开始进入人们的视野，欧洲 18、19 世纪社会立法从工厂法开始，保障了社会劳动者的最低收入、最长工时、基本保障与权利，这对于“人的自由”认识的成熟化现代化起到巨大的推动作用。由此可以发现，“人的自由”在欧洲资本主义经济发展史上经历了高度自由到完全无自由，再实现理性化成熟化自由，体现了“人的自由”的时代发展要求与趋势。

（二）“资本自由”的历史发展例证

在早期资本主义发展中，英国的重商主义政策为资本主义的诞生与发展提供了空间。重商主义引导下大英帝国政府强力推行自由贸易，主张全额取消关税；通过市场的供需关系发现税收对于整体社会的福利有巨大的正面影响。自由贸易政策扶持下资本流动得到充分的自由发展，全球资本在商品交易过程中实现了互联互通，为西欧资本主义国家的经济蓬勃发展创造了机遇。与此同时，全球经济市场的社会分工与专业化逐渐成熟化，现代意义上的人力资本全球流动得以实现，借此“人的自由”对“资本自由”的发展也起到了至关重要的推动作用。在资本自由的框架之下，西欧资本主义经济得到飞跃式发展，众多社会市场参与者在资本自由的支撑下，现金流与资本流使企业规模得到扩大，使社会个体的福利得到总体提升。但是西欧中前期资本主义是建立在资本放任性自由的基础上的，这种放任性自由偏离了资本理性自由的发展道路，为西欧资本主义发展带来了一定弊端——殖民扩张时期的“价格革命”、对外贸易的巨额贸易逆差……这些是资本放任型自由的外在表现，引发了以凯恩斯为首的国家干预主义的诞生，主张通过政府的实施管理干预实现资本的合理化自由，从而在规范社会金融秩序的同时保护了现代意义上的“资本自由”及其附属的资本福利。

五、马克思主义政治经济学自由观的现代意义

（一）为社会主义与共产主义社会建设提供思维框架

建设社会主义社会是新时代社会主义治理的目标，也是马克思剩余价值理论的时代化制度化体现。马克思对“人的自由”的理解与剩余价值的分析体现出以人为本的时代观念与价值规范，即把人的全面发展作为组成社会主义人民关系的基础要素与社会发展的终极目标。马克思主义政治经济学对“人的自由”与“资本自由”的分析论证为现代中国建设社会主义与推动发展共产主义提供了理论上的思维框架。剩余价值学说是政治经济学的重要内容，反映了人类存在的真实

自然、社会、精神状态。和谐稳定的社会是劳动者“人的自由”与资本拥有者“资本自由”的统一，生产协调与劳动合理化分工是新时代自由观的背景下提出的生产力发展要求。通过反思总结资本主义世界数百年的发展经验教训，并且结合中国早期的社会经济发展艰辛发展道路，构建社会主义和谐社会成为了人民群众最本质的心理诉求，而这种和谐社会的构建不仅仅是社会制度与治理的和谐，更是社会成员自身的和谐、人与人社会关系的和谐与人与自然的和谐。通过理解分析马克思主义政治经济学提倡的“人的自由”与“资本自由”，现代中国的社会管理者才能以人的全面发展自由解放为目的，结合社会生产力发展的现实要求与人自身的健全健康需求，构建真正意义上的社会主义与共产主义美丽蓝图。

（二）助力实现“人本精神”在民众的价值定位

在中国现今的科技、文化、社会、政治、经济发展状况下，在呼吁社会主义核心价值观和构建社会主义和谐社会的今天，马克思经济学的人本精神对中国国民性的塑造、社会主流意识形态与道德规范价值取向具有重要的规范意义与道路引领作用。马克思主义政治经济学对“人的自由”的理解为当代中国经济与社会进步提供了作为社会主义核心价值观基础的价值导向，马克思主义政治经济学通过将关注点落实到社会个人本身，实现根本上的人文关怀。马克思主义政治经济学对“人的自由”与“资本自由”的论证分析承托出“人本主义”这一关键，而人本精神又集中体现了以人的生存生活为基础、以现实社会实践为保障、以人的全面自由发展与解放为最终归宿，为现代中国社会秩序与制度的发展提供了正确的道德观念导向。在现实的经济社会生活中，依然存在人依附于外物与技术，受到外物役使而失去其主观能动价值与自由状态的情况，这一方面直观体现出马克思主义政治经济学自由观未得到充分肯定与重视，同时也对马克思主义人本主义的时代要义提出了新的要求。

（三）助力国际资本流动的健康发展与制度建设

马克思主义政治经济学对“资本自由”的研究分析助力现代经济全球化背景下全球资本流动管理框架的建立。一方面通过激励加强社会市场参与者在理论层面与实践层面的竞争性，另一方面加强资本与金融监管制度的多元开放和包容性。在现实社会这种资本合理化成熟化自由的主要体现方式为国际多边的金融机构的建立与长期运行——国际货币基金组织 IMF、世界银行以及巴塞尔银行监管委员会等国际机构作为直接管辖世界金融秩序与资本流动状态的职能部门，在加强资本流动性标准、应对金融市场系统性风险等方面做出了长足实践与努力。另外，马克思主义政治经济学关于资本自由的理论也通过现实生活中的危机现象促进各个国家主体建立起全面的具有可操作性的金融治理架构，以具备充分能力应对国际资本格局的变化。在资本渐趋自由的当下，我们需要在马克思主义政治经济学自由观的引领下加紧对资本的成熟化理性化管控与相关制度建设，实现发达国家与新兴国家金融资本关系的全面评估，实现全球资本的最高效利用，为国际资本流的健康发展创造条件。

（四）突破意识形态限制，推动全人类进步

“资本自由”与“人的自由”研究为社会主义世界、资本主义世界提供了新的体制改革视角。马克思主义政治经济学对新时代自由观的研究突破了政治体制、意识形态的固化，为当今世界的全球治理提

供了共同的处理方案与价值衡量标准。无论是资本主义世界还是社会主义意识形态，抑或是第三世界的不同意识形态，马克思主义政治经济学有关人与资本的重要分析意义、价值生产、社会资本流动等重要理论都可以一致的为其政治与经济发展与宏观管理提供优质的领航指导。在未来人类的发展蓝图上，资本主义与社会主义都会进化为共产主义，共产主义的最终目标引领下，人类社会越来越需要一种经济理论，能够突破国家体制、地理环境、社会发展状况与政治意识形态而统一的指导经济发展，马克思主义政治经济学通过研究“人的自由”与“资本自由”很好的完善了理论的广泛实用性，为人类未来的经济发展奠定了坚实的、突破常规的崭新改革发展视角。

六、参考文献

[1]《政治经济学原理》崔建华 聂志红 编　经济科学出版社
[2]《大学世界史》王家范 张耕华 陈江 编著　高等教育出版社
[3]《旧中国的资本主义生产关系》本书编写组　人民出版社

第六篇

浅究马克思主义政治经济学研究生产关系的重要意义

【摘要】：生产关系是马克思主义政治经济学的研究对象。马克思主义政治经济学作为经济学的重要组成部分，以历史唯物主义为根本研究方法，其对于生产关系的研究具有独特性、专业性与进步性。在探究历史唯物主义理论中生产力和生产关系的辩证关系基础之上，进一步探索以生产关系为研究对象的意义，有助于我们对马克思主义政治经济学具备跟深入的理解，并推动我们运用所学理论为当下经济发展提出新的想法与主张。我国经济发展进入新阶段的当下，为形成中国特色社会主义政治经济学创造新的思想，应全面运用马克思主义政治经济学研究生产关系的优势方面。马克思期望探索社会经济发展规律，寻求人类社会正确的前进方向。而生产关系与生产力作为社会发展的基本矛盾运动，具有永恒的讨论价值和对社会发展的重要意义。马克思主义政治经济学选取生产关系作为研究对象，正是基于对社会发展概况的充分认识，以生产关系作为切入点认识社会，从而改造社会。我们以历史唯物主义和辩证唯物主义作为立足点，感悟到马克思主义政治经济学以生产关系作为研究对象对于学说本身，历史发展要求和现实社会发展的重要意义。

【关键词】马克思主义政治经济学生产关系历史背景现实价值理论与实证

一、马克思主义政治经济学的诞生与理论架构简述

19世纪30、40年代，产业革命在英国已经基本完成且逐渐向其他资本主义国家延伸。同时，在政治上无产阶级作为一支独立的力量站上了历史舞台。1831年法国里昂起义、1836年英国宪章运动以及1844年德国西里西亚纺织工人起义等工人运动的经验教训为马克思主义政治经济学的诞生创造了客观条件。在技术与社会的双重变革下，马克思和恩格斯创立了无产阶级政治经济学，即马克思主义政治经济学。马克思主义政治经济学是资本主义经济发展走向成熟，无产阶级作为新生力量的代表登上政治舞台这种产业与政治双重革新的理论表现。历史上的古典政治经济学和空想社会主义都为马克思主义科学社会主义理论体系和政治经济学的建立提供了坚实的理论根基。马克思提出，物质资料生产是人类社会生存和发展的基础。马克思主义政治经济学将物质生产置于基础地位，并在确立物质生产是社会生存发展的基础之后探索人类社会物质资料生产、交换以及与之相匹配的产品分配与消费的规律。马克思主义政治经济学在继承古典政治经济学、庸俗经济学、资本主义经济学中的科学观点之余，广泛研究西方资本主义经济史的大量历史现实材料并随之，马克思以劳动二重性学说作为枢纽创建了具有科学价值的劳动价值论和剩余价值理论，并以此为基础诞生了社会资本再生产理论、资本积累理论与生产价格理论等重要理论体系，揭露了无产阶级和资产阶级对立的根源。

马克思主义政治经济学的创立明确表明政治经济学所要研究的

不是外在的表层事物，而是事物现象背后的人与人之间的关系，并且从人与自然、人与人各种自然关系与社会关系中提炼出生产关系（指明它是一切社会关系中最根本的关系）。马克思主义政治经济学对历史唯物辩证法的运用主要体现在抽象法、矛盾分析法与逻辑与历史相一致的方法，并非僵化的思维教条。马克思主义政治经济学提供给我们的是具有历史性的研究经济现象的科学方法——它在特定历史条件下所提出的某些具体结论，在其他的历史情况下可能就不能简单模仿生搬硬套，而应该结合具体的历史条件进行改造分析运用。马克思主义政治经济学反映了不同时代的鲜明特征并鼓励我们以主观能动性认识并利用经济规律。马克思主义经济理论在创建之时是紧随社会经济条件变化和经济实践理论的发展而发展的，马克思通过研究当时相对成熟的西欧各国资本主义经济体系，揭示出了资本主义经济发展的规律、资本主义生产过程的实质和多层面经济关系、生产关系的特点，通过阅读相关的经济学著作，结合现实生活的经济案例，也使用了大量的以英国为代表的官方文献和统计资料，马克思有力的阐明了资本主义经济运行的规律。他进行对资本主义经济的规范分析，提出对这个世界的构想的同时，也结合实证分析从客观角度解释世界发展的根源性原因，使得整体理论更具有说服力，这不仅适用于具有悠久发展历史经验的资本主义国家，对社会主义国家的经济建设也具有深远的参考价值。

二、马克思主义政治经济学关于生产力与生产关系的解释

物质资料生产是人类社会生存和发展的基础，人类为了生存和

发展，就必须通过物质生产来满足自身对物质资料以及持续发展的需要，其生产过程就是劳动过程。历史唯物主义的基本理论是理解马克思主义政治经济学的前提，历史唯物主义是关于人类社会历史发展普遍性规律的科学理论体系。物质资料丰富程度和人们生活富足程度的决定因素在于生产工具的先进程度和人们在生产过程中以怎样的互相关系组织起来进行生产，其中工具发展程度决定了生产力水平，人际劳动关系决定了生产关系水平。为了能对社会生产与经济发展具备较为全面的了解，我们必须对生产力与生产关系这两个历史唯物主义的根本定义有正确的理解。

（一）生产力的定义

生产力指生产物质资料时所使用的生产工具和从事生产的人的生产经验、劳动技能与科学文化知识等客观物质因素的综合。生产力反映人们征服自然、改造自然的能力，折射出人与自然界的关系，而生产工具的科技量和数量以及劳动者的认知水平和技能标志一个社会生产力的发展程度，是划分不同经济发展时期的重要标志。人的因素在生产力中起着特殊重要的作用，但同时又要结成一定的联系和社会关系才能生存和从事生产，即只有处在一定的生产关系中的个人才能推动社会生产力的发展。

（二）生产关系的定义

生产力的发展不可能离开人的因素而发展，也不可能离开生产关系自动发展，生产力必须依靠它所适应的生产关系来推动。生产关系是人们在生产过程中结成的社会关系与经济关系，其中生产关系是所有社会关系中最基本最根源的关系。人们在生产过程中社会关系从现实发展看，不同的物质生产发展阶段，生产关系性质也不相同。社会总生产过程包含四个环节——生产、分配、交换与消费。马克思主义政治经济学中的生产关系包含了社会生产总过程中所有的人与人之间的关系。生产力是由自然属性决定的，反映了事物物理、化学、生物方面的技术条件与对生产力的提升作用，这不是政治经济学的主要研究对象，马克思主义政治经济学的研究对象是社会生产关系。在生产关系的四方面中，生产资料的所有制形式起决定作用，它的性质决定了生产关系的主要体现形式。

（三）生产力与生产关系的辩证联系

根据马克思主义政治经济学的理论构架，生产力与生产关系二者的辩证关系问题是历史唯物主义理论中的核心问题，也是马克思主义政治经济学研究对象的根本基础问题。通过研究人类生存与发展的历史不难发现，以技术科技为表现形式的生产力的发展是一个脱离人的主观意念而独立存在的、跟随自然规律的发展而发展的过程。生产力的发展状况决定了生产关系，从静态而言，一个社会有什么样的生产力就会产生与之相匹配的生产关系；从动态而言，生产力的发展变化决定着生产关系的发展变化，生产力决定着生产关系所能变化的程度，超越现有生产力现实的受到过早改革的生产关系反而会对生产力的发展带来不利影响，形成阻碍效果。同时，生产关系这一因素也并非完全是生产力的因变量，社会生产关系与生产力的匹配度决定了生产力是否可以吻合规律而发展，决定了生产力会向正面积极发展还是受到压制而退化。

三、探究生产关系研究的重大价值

（一）生产关系研究有利于推动社会生产力发展

在社会生产过程中，生产力与生产关系之间存在着非常密切的关系。而生产关系对生产力的作用主要表现在：当生产关系适合生产力的性质时，它就推动生产力的发展；当生产关系不适合生产力的性质时，它就阻碍生产力的发展。总之，生产关系反作用于生产力。生产关系反作用于生产力的内在机制则是：生产关系作为生产力诸要素的结合形式，必会反过来影响人的生产劳动积极性、主动性、创造性的发挥，由此从整体上影响生产力的发展。生产力决定生产关系，同时生产关系在受到生产力决定作用的前提下，也能反作用于生产力。这是由于，生产关系本来就是生产力诸要素的结合形式，形式会反作用于内容。在生产劳动过程中人和人、人和物的关系如何，必会反过来影响人的生产劳动积极性、主动性、创造性的发挥程度，以及物（生产资料）的作用的发挥程度，由此从整体上影响生产力的发展速度。这就是生产关系反作用于生产力的内在机制。

其一，生产关系中的生产资料占有关系，会影响生产资料的投入方向和数量，影响社会资源的配置，由此而影响生产力的发展速度。一定社会生产关系中的生产资料占有者，只有积极地、合理地把生产资料投入社会再生产，才有利于社会生产的发展，其中包括有利于人们在生产劳动过程中不断提高征服、改造、利用自然界的能力，亦即有利于社会生产力的发展提高。如果生产资料的占有者缺乏把手中的生产资料再投入社会新的生产过程的积极性（他认为没有多少利益可图），或者投入生产资料的方向（投向哪个生产部门）不合理，造成社会资源配置不当，那就不利于生产力的发展提高。

其二，生产关系中的人们在生产劳动过程中的地位和相互关系，会影响劳动者的生产劳动积极性、主动性、创造性的发挥程度，由此也会影响生产力的发展速度。如果在一定的生产组织中，人们地位比较平等，分工比较恰当，协作比较密切，纪律比较严明，那就有利于充分调动人们的生产劳动积极性、主动性和创造性，从而有利于生产力的发展提高。否则，如果广大劳动者受到歧视和虐待，肉体受摧残，精神受压抑，毫无生产劳动的积极性，则必然不利于生产力的发展。

其三，生产关系中的产品分配关系，直接关乎劳动者的物质利益和劳动目的，更会影响劳动者的生产劳动积极性、主动性和创造性的发挥程度，由此，更会反过来影响生产力的发展速度。如果劳动者认为，自己所获得的报酬，跟自己所作出的贡献是相当的、合理的，而且多劳可以多得，他就会有较高的生产劳动积极性、主动性、创造性，这样就显然有利于生产力的进一步发展。否则，如果他认为所获报酬跟所作贡献相比不合理，而且多劳不能多得，他的生产劳动积极性、主动性、创造性就会受到挫伤，那就会阻碍生产力的发展。

（二）生产关系有利于完善发展政治经济学理论体系

政治经济学的根本任务，是揭示社会发展的客观规律。根据马克思主义哲学的历史唯物主义观点，生产力和生产关系、经济基础和上层建筑之间的矛盾，可以作为研究社会发展的出发点。生产力与生产关系的矛盾运动，则是这两大矛盾运动中更为重要的一对矛盾。研究生产关系及其发展变化，能够使我们更好地把握历史的走向，进行政治经济学的理论建设。

另外，研究生产关系对政治经济学研究方法的完善具有重要意义。唯物辩证法中的矛盾分析法，是政治经济学研究的重要方法之一。生产关系的总和构成了经济基础，经济基础决定上层建筑。鉴于这种关系，加强对生产关系的研究，能够帮助我们把握社会基本矛盾，更好地运用矛盾分析法来提出、发现并解决政治经济学研究的种种问题。

从生产关系内涵的自身演变角度

通过文献调研，笔者发现生产关系的内涵并非是一成不变的，而是经过了一个漫长的过程。随着马克思对资本主义生产过程的理解水平不断提升，他对生产关系概念的内涵的把握能力也随之不断增强。

马克思最初是在《德意志意识形态》一文中最初运用生产关系这一概念，“封建时代的所有制的主要形式，一方面是土地所有制和束缚于土地所有制的农奴劳动，另一方面是拥有少量资本并支配着帮工劳动的自身劳动。这两种所有制的结构都是由狭隘的生产关系——小规模的粗陋的土地耕作和手工业式的工业——决定的”（《马克思恩格斯全集》第 15 页）。此时的生产关系内涵仅仅停留在生产过程中人与人的关系这样笼统的定义上。究其原因，在于马克思此时并未分清手工业资本主义和资本主义大工业的区别，因此他仅仅从交换关系、交往关系的角度来理解生产关系的发展。

在 1847 年的《哲学的贫困》中，生产关系概念被作为核心概念提了出来：“经济学家们都把分工、信用、货币等资产阶级生产关系说成是固定的、不变的、永恒的范畴……经济学家们向我们解释了生产怎样在上述关系下进行，但是没有说明这些关系是怎样产生的，也就是说，没有说明产生这些关系的历史运动。”（《马克思恩格斯选集》第 1 卷，第 137 —138 页）马克思此时开始将生产关系具化到了分配关系和货币关系，认识到了资本家与工人不平等的交换关系，将其解读为积累劳动和直接劳动的差别，这种思路仅仅从物的角度来解读资本的本质。

在《雇佣劳动与资本》一文中，马克思对劳资关系做了更为详细的阐述。他强调了物在一定的社会生产关系下才成为资本。他将资本家对工人的压榨和社会财富的不平等分配，视作是雇佣劳动和资本关系的必然结果，对生产关系的认识又深入了一步，但他还没有将眼光聚焦到生产资料所有制这一生产关系的核心上。

在1857年前后，马克思的思路发生了根本性的转变。这与马克思对英国的经济危机的解读密切相关。马克思发现了资本主义经济危机的本质是工业危机而非商业危机，使他开始从生产过程而非交换关系的角度来研究生产关系。在《1857—1858年经济学手稿》中，他提出了两个重要论点：一是生产关系是交换关系的发展形态。他认为工人与资本家之间的交换，是最高价值的交换形态。“自由交换的最高阶段是劳动能力作为商品，作为价值来同商品，同价值相交换”（马克思恩格斯全集）第31卷69页）。二是在生产关系内涵中引入了生产力发展的线索。“资本主义生产关系只有随着特殊的物质生产方式的发展和在工业生产力的特殊发展阶段上，才成为真实的。”这一方面突出体现了历史唯物史观下生产关系的历史性，一方面使生产关系的内涵更趋于丰富和完善。

笔者认为，正是对生产关系的不断研究，使马克思更深入透彻地认识到资本的本质，从而提炼出人类社会发展的经济规律。生产关系内涵的演变史，是马克思对资本主义生产过程认识不断深入，思想不断深刻，马克思主义政治经济学理论体系自身不断完善的过程。

（三）超越以往政治经济学的阶级局限性且有助于加深对各个阶级的性质地位关系的理解

马克思主义政治经济学大体准确地描述了社会动态和演变历程。在古典政治经济学中，经济学家们认为资本主义制度是最完美的制度，是永恒的，是最符合人的本性的制度。所以在古典政治经济学中，经济学家们秉持着这样的一份态度开始他们的研究，并没有意识到资本主义制度的历史性，即资本主义制度也是要随着社会的发展而慢慢被淘汰掉的。所以以资本主义生产方式下的经济规律作为研究对象的古典政治经济学不能很好地适应动态的社会发展，毕竟资本主义在时间尺度上只是一种暂时的社会制度。而对于资本主义而言，社会主义社会是其历史逻辑发展的新形态，是对旧社会突破和对新发展的容纳。共产主义又是对社会主义在此基础上不断发展的新形态。所以说，没有一种社会制度是永恒的，是适用于所有历史时代的。

就像古典政治经济学一样，以往的政治经济学对社会运行和预测的方式是遵循理性主义观点下的想象，对未来社会的期许是建立起理性王国。大部分只关注于具体描述未来王国（经济规律），而没有找到实现的路径和力量（生产关系），忽略了经济形态是随历史发展而变化的重要问题，不够具有普适性。对于空间尺度而言，每个国家使用不同的政治经济学作为引导其社会经济发展的理论体系，故在空间尺度上，以往的所有政治经济学也无法适用于所有国家，即有区域局限性。而马克思主义政治经济学既能分析以往的社会形态，又能推断指出未来的社会形态。社会的前进不是唯意志论的，而是历史唯物的。这组生产力和生产关系奠定社会基础和演变态势，也意味着人类的解放程度。唯有坚持研究生产关系的马克思主义政治经济学，才能更好的解读不同阶段的不同社会经济形态和社会制度。

不同于生产力主要关注人们与自然界的关系，生产关系更加强调人在社会发展中的介入。同时，所有制、分配方式的差异体现出社会经济制度的差异，又因经济决定政治、文化，便也区分了不同阶级的各项制度。《资本论》中指出：手推磨产生的是封建主为首的社会，蒸汽机产生的是工业资本家为首的社会。马克思主义政治经济学理清生产关系各要素间的关系与相互作用，能够帮助我们加深对各个阶级的研究，更好地理解无产阶级革命、改革的性质与方向。

继续探究马克思主义政治经济学研究生产关系有助于加深对各个阶级的性质地位关系的理解的方面。

明清与民国时期是中国近现代史中经济生产关系变革最为明显且影响最为深远的。明清时期实现了真正意义上的经济模式的繁荣，经营地主出现是明朝后期到清朝农业生产领域中的新现象。他们与单纯出租土地、坐收地租的传统地主不同，以对农业进行农场式管理为特征，亲自参与生产过程，注重集约经营，改良土壤水利并进行认真细致的经济核算以提升经济效用。这种经过微调的生产关系对农业生产资料所有制以及农业经济生产力的提高做出了突出贡献，正是因为这种生产关系对现实生产力阶段的吻合度与适当的提高引领作用，使得自然农业经济再次获得了复兴的活力。在手工业与商业领域，若干手工部门中出现了使用雇佣劳动进行较大规模工场式经营劳动手段，出现了真正意义上的资本主义生产模式萌芽——一部分商人着力于棉织、丝织生产，通过贷款、预付原料与相关费用与提供织机等机器设备资本等形式，以包买商的身份控制了一批家庭手工业者，这种生产资料与生产者脱离的形式促进了吻合市场需求、以自由雇佣关系为基础的规模化生产。然而，这种生产关系的进步受到政府力量的压制而不敌自然农业经济的雄厚基础，仅仅出现在局部范围内的部分行业，自然经济下的生产关系落后于资本主义雇佣关系，从而迟滞了明清时期商品经济生产力的蓬勃发展。这也是不当的生产关系干扰生产力发展的典例。

当我们关注近代旧中国社会时，资本主义生产关系真正开始登上历史舞台。一百年来，在中国的资本主义经济虽然有所发展，但是比较缓慢，主要受到帝国主义与官僚资本主义的压制。在抗日战争前夕，国民经济生产总值中的现代性工业经济只占10%左右，而九成左右是分散的个体农业经济与手工业经济。旧中国存在封建地主经济、个体经济与资本主义经济三种经济模式，主要的资本主义经济又包含帝国主义资本、官僚主义资本与民族资本三个部分。帝国主义资本是一种国际垄断资本，生产资料与产品归外国垄断资本家所有，剥削工人与其他劳动人民；官僚资本利用中国工业落后与自由资本主义得不到发展的现状，由大地主大买办作为政治代表，运用国家政权的暴力强取豪夺以实现国家垄断。它促使中国走向半殖民地化并对国民经济起到严重破坏作用。民族资本是相对进步的，虽然是建立在私有、剥削与阶级压迫的基础之上，但却一定程度上应用了近代化的生产技术与科学知识，组织了具有社会化形式和一定规模的生产。然而民族资本市场需要依赖帝国主义资本与官僚主义资本，具有被操纵性而产生不利效应。资本主义生产关系在近代中国的萌芽是在内忧外患中产生的，这种外源性的强制输入不可避免的导致生产关系过度超越了现有的生产力阶段，这种过度超前的不吻合生产水平的生产关系势必引发生产力的负面衰颓。中国近代经济举步维艰、国民生活水平逐渐下滑，经济形势日渐崩溃恰恰是不当生产关系的外在表现。

（四）突破时空限制，全面统一地探索社会转型推动力

在马克思主义政治经济学中，生产关系是研究的主方向，但各要素是一直变动的。通俗地说，马克思研究的生产关系不是一个特定的生产关系，而是一个泛指的概念，一个综合的概念。一方面每个社会形态都有对应的生产关系。从生产关系分析，你能够大体了解整个社会。另一方面，强调这组关系又是变动的，资本主义终究会被高级社会取代。取代的力量在于生产关系上，未来社会也是一样的，所以马克思对社会的预计是本着生产关系不断变化与前进来推断的。可以说，马克思主义政治经济学这个研究对象的选取让整个学说具有了时间和空间的普适性。而马克思主义政治经济学的这个研究对象——生产关系，是能够突破空想抽象的构建，指出未来社会建立的基础乃至社会形态的发展变动。对于马克思的这个研究对象，它是具体的，实践的也是社会的。构成的诸多要素都是发展的，这就指出社会形态是发展的，能够突破资本社会的。并且这个发展是贯穿整个人类社会的变动，即便是共产主义社会，也只是人类自我社会的开始。以下我们将给出大量的例证，来证明马克思主义政治经济学研究生产关系对时空限制的突破。

1. 突破时间限制

从古至今，随着社会生产力的不断进步，生产关系也必然发生巨大变革，以下让我们回溯至几千年前的古中国，一览这几千年来中国生产关系的变化历程。

（1）先秦时期生产关系探究

先秦时期的主要经济形式为农业经济，土地成为了最重要的生产资料之一，井田制是中国上古时期的土地制度。《孟子·滕文公上》记载有“方里而井，井九百亩。其中为公田，八家皆私百亩，同养公

田。公事毕，然后敢治私事。”在西周早期，中原大地地广人稀，农村公社选择平原沃野进行耕作，大部分土地作为份地分配给农村公社的农民进行耕种，同时又保留了一部分公有田由大家共同耕种。早期生产力低下之时这种生产关系促进了农村公社整体生产力的发展。然而在农业经济逐渐向好之时，即到了西周末期，农民对公有田的耕作积极性开始下降，私有性开始兴起，周宣王由公社农民共耕公田的做法已经开始废除，逐渐向王公贵族向农民征收实物税过渡。总体来说，井田制的实质是农村公社土地所有制，早期个体生产力很不发达之时这种生产关系促进了生产力的协作互助，后期生产技术发展，个体家庭独立，社会分化进一步加强，原来的原始共产主义已经不吻合生产力阶段，土地私有制的生产关系取代则吻合了之后春秋战国的生产力，使经济再度蓬勃发展。

（2）魏晋南北朝时期生产关系探究

魏晋南北朝时期是中国国家大分裂，民族大融合的历史阶段。农业在战乱与建设中有兴有衰。但是在动荡中的局部稳定繁荣使得魏晋的农业没有产生突出成就。相反，由于人员的大规模流动，手工业与商业开始蓬勃发展。两汉的官府手工业形成了从中央到地方行业众多的手工业商业体系，魏晋时期进一步发展为私营手工业与独立手工作坊，生产关系出现早期商品经济特征的萌芽。由于生产资料与技术资源广泛的分布在众多个体生产者手中，尚未形成资源的集中所有制形式，因而生产关系保持在早期商品经济特征状态，吻合当时的雏形商业生产力阶段。这种生产关系虽然与当时的生产力并行，理论上可以推进生产力进步，但却在某些阶段出现了后退——受到国家对商业经营的垄断限制，商品发展主要集中于奢侈品销售，日常生活用品未见发展。加之豪强地主对土地资源的集中控制，组织较大规模的自给自足生产，自然经济的生产所有制形式出现集中化高效化倾向，因而生产关系在商品经济特征与自然经济生产资料所有制特征之间此消彼长，这种生产关系阻遏了商品经济的持续生产力发展，但对整体经济运行创造了多元化进步空间。

（3）宋元时期生产关系探究

经济重心南移是宋元时期的典型经济现象，是这一里程碑式转变的关键时期。伴随着农业自然条件的开发完备与农业生产技术在当时的发展极限，生产力的发展已经无法单纯依赖技术条件，而是迫切需要全新的生产关系来为生产进步注入新的活力。隋唐宋元时期，租佃制取代了魏晋南北朝时期的部曲佃客制，成为社会上最常见的土地剥削生产关系。佃农即失去土地、佃耕于人的农民，租佃土地与买卖一样需正式签订契约并办理法律手续。佃农不具备自由民身份，而是对地主有完全的人身依附关系，地主对佃农有高强度的监管控制。随着大土地所有制的发展，还出现了两层以上的租佃关系，即由名为管庄、干仆、管田人的中间承佃者再行转佃，收取额外地租。这种租佃制下的生产关系形成了集中化的生产资料所有制形式，有利于生产力的集约化发展与劳动力资源的专业化细化分工，使商品经济与资本主义的发展具备了初步的完备基础。

2. 突破空间限制

马克思主义政治经济学作为具有普适性指导意义的科学理论，可以超越空间地域和制度体系的限制，提出由普遍到特殊的指导。以下，我们给出马来西亚与巴西的相关经济政策，同时结合以上对中国生产关系的讨论，综合认识其超越空间限制的强大影响力。

（1）马来西亚的产业结构调整

表 6.1　为马来西亚主要产业区域

马来西亚半岛（西马）	砂拉越（东马）	沙巴（东马）
农业、橡胶业、油棕开采和加工业、轻重工业、电子工业、开采（锡）矿业	农业、石油开采业、提炼矿业、伐木家具业	农业、伐木家具业、石油开采业

与上述 5 种作物相比，胡椒、菠萝与烟草是马来西亚经济意义较大的三种次要作物。胡椒也是重要出口农产品，而大部分菠萝则加工成罐头出口，烟草主要由马来西亚半岛沿海诸州生产。除菠萝外，马来西亚许多小果园还生产多种热带水果，主要供国内消费。

在很长时期内，马来西亚的农业以橡胶为主导，粮食不能自给。为了改变这种殖民地形的单一农业结构，马来西亚政府提出农业生产多样化的方针，其主要内容是发展油棕、椰子、可可、胡椒等经济作物和稻米的生产。政府对这些作物的生产给予了资金和技术方面的支持，而最突出的成绩就是油棕业的发展，政府专门成立了油棕的出口取代了橡胶成为最大的总有生产国和出口国，至 20 世纪 80 年代又总的出口取代了橡胶成为了最大的出口农产品。

1948 年，马来西亚颁布了《合作社法》，政府从法律上鼓励和保护合作社的发展。马来西亚的农业生产专业化、区域化较强，它相应要求有较好的资金和物资流通能力，政府帮助建立了许多农业合作社。最初主要有两种形式：一是农民合作社，主要提供信贷服务，而物资供应很少；另一种是农民协会，主要从事综合性商业活动，为农民提供生产生活资料，推销农副产品等。这种形式的缺点是互相联系少，资金与物资供应脱节。

20 世纪 70 年代执行“新经济政策”以后，政府发展支出的重点是进行土地开发和农村地区的公共设施建设，扩大耕地面积，解决农民无地或少地的问题，以及改善农村条件，提高农民的生活质量。新开发区的重要形式之一是农工商一体化的发展区，政府组织将林地开垦为农耕地，发展种植业、畜牧业、林业、商业和运输业等。80 年代以后，马来西亚政府加快了从外向型农业国向外向型工业国转变的步伐，同时引导马来人从农业转向非农业，农业的重要性下降，对农业的资金投入也逐步减少。

进入 20 年代 80 年以后，经济增长开始减速。到了 1985 年时，经济全面陷入困境，增长率为 –1%。经济衰退的根本原因是政府长期推行被认为带有种族歧视的“马来西亚新经济政策”，它所带来的弊病在 80 年代后逐渐显现，新经济政策大大限制非原土族私人资本的发展；除此之外，80 年代中期发达资本主义国家的经济危机对马来西亚也有一定影响。

为了扭转此次经济困难的局面，马来西亚政府在总结以往经验的基础上，采取了下列几个步骤：

①紧缩财政政策，放慢经济发展的速度。

②调整不合理的经济结构。重点发展以出口导向为主的初级产品加工业和重化工业，减少对西方的依赖。

③政府计划将一部分国营企业私有化，发挥私人资本的作用。为刺激外来投资，政府还采取放宽股权限制，放慢购股和改组步伐，允许外资购买农业用地等优惠措施。

④对外贸易向多边化发展，开拓新的国际市场，缓解西方经济剧烈波动的冲击。

（2）巴西的分配政策

巴西是个石油资源不太丰富的国家，经过 19 世纪下半叶和 20 世纪初叶数十年的勘探，始终没有发现石油，所以曾一度被人视为缺油国家。直到 1939 年初，在巴西东北部巴伊亚州首府萨尔瓦多市郊区才打成第一口油井。但由于受到资金和技术的制约，石油勘探进展不大，石油产量增加缓慢，1945 年生产的石油仅为一万立方米。直到 1979 年，也只达到 961 万立方米。巴西国内的石油供应无法满足自身的日益增长能源需求，这个矛盾成为制约巴西运输业发展一个“瓶颈”。

而且经过 20 世纪 70 年代中期的石油危机，巴西经济受到沉重打击，为减少对石油进口的依赖，实现能源多元化，巴西政府因地制宜制定了以甘蔗为主要原料的酒精燃料发展计划（生产关系），促进了甘蔗生产技术、乙醇提取技术的提高，发展壮大了酒精汽车行业，提供了大量就业机会、缩小城乡差距，改善了城市环境质量。（生产关系的调整）

巴西政府鼓励农民种植甘蔗，实行为农民提供补贴、低息贷款的政策。在巴西北部及东北部的州，政府给予种植规模达 1 万吨的农户以每吨 5 美金的补贴。得益于补贴政策对农民的补助，巴西 1995 年全国甘蔗收获面积为 63.195 万顷，总产量 30060 万吨，均占世界第 1 位。为鼓励农民种植甘蔗，农民可享受到巴商业银行利率为 8.75% 的法定农业专项低息贷款，还可根据自身农业发展的需要，向银行申请其他贷款。这为甘蔗种植实现机械化、扩大生产提供了资金支持。

为鼓励支持酒精汽车产业的发展，对酒精汽车实行减税政策。从 1982 年至今，巴西对酒精汽车减征 5% 的工业产品税；残疾人交通工具和出租车如使用包括酒精在内的可再生燃料，享受免征工业产品税；部分州政府对酒精汽车减征 1% 的增值税，在酒精车销售不旺时曾全免增值税。得到政府减税政策的扶持，巴西酒精汽车行业迅速发展。1985年，国内乙醇小轿车售出57.8万辆，市场占有率达96 %；轻型卡车出售6.7万辆，市场占有率达68.5%。目前，巴西全国使用乙醇汽油（汽油中添加一定比例的无水酒精）燃料的汽车达1550万辆，摩托车350万辆；完全用含水酒精作燃料的酒精汽车达220万辆。

巴西政府注重实行鼓励支持通过技术革新推广甘蔗优良品种的政策，鼓励研究机构和大学院校对可替代能源开发研究，改进与酒精燃料相关的汽车生产技术。巴西成立了巴西甘蔗产业协会UNICA，该协会建立了一个面向世界的甘蔗和生物燃料的科技交流平台，分享借鉴彼此的先进技术。圣保罗州冈比纳斯学院甘蔗种植试验站育成了含糖高、抗病耐旱的IAC系列的优良品种甘蔗。1999年，巴西的酒精汽车技术获重大突破，采用了电子打火，解决了温度较低情况下启动发动机的问题，而且增强了动力系统，使酒精汽车更加实用和经济。

四、生产关系研究意义在当今现代中国经济建设实践中的体现

在中国现代经济的发展过程中，新中国共产党政府根据马克思主义政治经济学关于生产力和生产关系的理论，在新中国建国初期建立社会主义体制，通过生产关系的研究调整，奠定了国民经济发展的良好基础。国家政府坚持对生产关系的深入研究，相匹配的宏观调控促使国家经济持续向正常方向坚实迈进。在新中国并不漫长的历史中，生产关系改革已经多次体现出非凡的力量，使中国一步步走向繁荣富强。新中国成立初期，由于历史原因与常年战争的原因，生产力十分滞后，我国通过一化三改造建立起以公有制为基础的国有经济，这种公有制约束管控与指导下的生产关系极大地促进了我国经济在建国经

济复苏期间的快速发展。20 世纪 70、80 年代改革开放以来，国家积极学习欧美资本主义经济的精华，从国家经济以生产关系为代表的多个方面进行彻底全面又极富创新性的改革，建立了多个经济特区并实行一国两制相互融合，使国家经济获得从未出现的飞速发展。放眼于现今时代，我国的基本国策坚持以经济发展为中心，经过研究生产力发展状况，对构成生产关系体系的要素进行雷厉风行又经过缜密论证的改革，取得了巨大成就。新时期中国梦的实现、中华民族伟大复兴对经济实力提出了更高要求，生产关系再一次担当起了引领经济的作用。通过分析中国现代经济发展历史不难发现生产力每一阶段的快速发展都归功于生产关系的及时适量调整。

（一）国有企业改革

根据我国国家统计局数据，截至 2011 年底，全国国有企业拥有自主知识产权专利 21.4 万项。2003 ~ 2015 年，全国国有企业上缴税金从 8361 亿元增长到 5.35 万亿元。这些经济商业领域的喜人进展来源于国家对国有资产管理体制进行的重大改革——通过政府的简政放权，对国有企业推行扩大企业自主经营权的改革措施，通过改革国有企业的生产关系形式、加强了国有企业参与市场拓展的市场化竞争力，建立现代企业制度，剔除了传统残留的国企生产、管理效率低下的弊病，提升了国企跟随时代自主发展的积极性、创新意识和跻身于世界商品市场的竞争活力。另外，国有企业在神州系列载人航天、蛟龙深潜探测、陆海空军军工科技、医学生化医药等高新科技领域与国家安全领域也诞生了一大批具有自主知识产权和国际先进水平的成果。

（二）推进供给侧结构性改革

纵观近年的中国经济发展，现在已出现严重的结构性产能过剩问题。以光伏、煤炭为代表的重工业产能过剩现象尤为严重。根据相关资料，国际货币基金组织的报告显示，2014 年我国汽车产能利用率不足一半；我国钢铁产能利用率不足六成，产能过剩严重阻碍了国民经济的发展。结构性产能过剩的直接原因是生产力旺盛之余的供需极不平衡，但更深层次的根源原因是生产关系有待调整到与现有生产力相匹配的程度。面对严重的结构性产能过剩，党中央推出了供给侧结构性改革，在调整供给侧结构性改革的同时也相应扩大总需求，通过总结分析论证当下生产关系存在的弊病积极进行宏观经济制度上的改正扶持，通过供给侧的生产资本所有制强化与管理、劳动关系与分配体制的改革创新，生产关系保证生产与需要之间的正当比例，这种生产关系的重大方向性指导使得中国经济不懈与中等收入陷阱做斗争，在世界经济发展历程上创造出中国的典型案例。

五、总结

回顾马克思主义政治经济学的发展历程，它致力于厘清各种关系，包括人与人，人与社会，人与自然之间的各种关系，而生产关系作为最根本的社会关系，是研究社会发展规律的根本出发点。追溯过去，马克思主义政治经济学将生产关系作为其研究对象有其特定的历史背景和充分的历史依据。而立足当下，我们国家以马克思主义政治经济学作为理论指南进行了许多实践上的应用并取得巨大成功，而在资本主义国家也有着许多实例印证了马克思主义政治经济学的理论的科学性，由此充分证明了马克思主义政治经济学以生产关系作为研究对象是无比正确且具有现实价值和指导意义的。纵观中国从古至今生产关系的变革之路，我们应当并且坚定的支持马克思主义政治经济学继续研究生产关系。这对于我们中国继续完善中国特色社会主义理论体系，走中国特色社会主义道路，早日实现社会主义现代化建设目标，成为社会主义现代化强国，具有深远意义。同时作为脱胎于资本主义社会生产关系下的马克思主义政治经济学，对于资本主义生产关系具有无与伦比的深刻认识，同样也对资本主义国家的发展道路提出了基本构想并指明了方向。相信按照马克思主义政治经济学对生产关系的研究理论继续前进，我们的生产力将进入全新的阶段，社会关系也会产生新的变革，整体人类社会将步入新的时代，旧的落后的不适应的生产关系将被统统淘汰，迎来一个全新的新制度新体系的时代。

六、参考文献

[1]《政治经济学原理》崔建华 聂志红 编　经济科学出版社

[2]《大学中国史》王家范 张耕华 陈江 编著 高等教育出版社

[3]《旧中国的资本主义生产关系》本书编写组 人民出版社

[4]马来西亚统计局:《马来西亚国家统计局年鉴》2002

[5]“马来西亚在全球化发展趋势中走向繁荣富强的经济展望纲领”,《第七节世界华商大会文集》，马来西亚中华工商联合会 2003 年版

[6] Omar Abdul Rahman，Yew Kam Keong & Mihaela Y. Smith，The Smart Partnership Approach to Global Business in the K-economy in Malaysia，2003

[7]《邓小平理论简明教程》李伟 张琦 何国清

[8]《巴西发展乙醇燃料的政策及技术选择》常建强
[9]《巴西的交通运输与替代燃料的开发利用》周世秀
[10]《巴西，酒精能源首屈一指》刘林森

第七篇

对企业并购重组的认识及管理策略分析

通过在政治经济学课堂中的学习，笔者了解到影响市场机制发挥作用的前提条件主要为划定清晰产权的市场主体、明确政府与市场关系、健全有效的正式制度体系以及与市场经济相融的非正式制度体系。对这四项主要前提条件的理解之余，笔者不禁思考——无论是市场主体的产权边界划分，还是政府市场关系的分离，抑或是正式非正式制度的建设健全，其根源性的指向因素是什么呢？根据个人对当下经济运行的观察分析，笔者认为四大前提指向的根本是企业独立性与竞争性。本文将从企业在资本市场的并购重组行为出发，阐述对企业并购重组与市场机制发挥作用的认识与相关管理策略分析。

一、独立性竞争性的简介与初步逻辑

在多个经济主体的市场活动中，独立性与竞争性是市场经济合理配置资源并实现经济效益最大化的根本，只有保证市场经济主体的独立性才能进行充分的竞争，只有进行了充分的竞争才能实现帕累托最优，达到总剩余的最优化。不过，市场主体的独立性不局限于课程中所提及的独立的产权，还包括独立的义务、行为模式、理念和权利。具备了这种全方位的独立性，市场主体才能在市场经济中根据自身的经验、市场具体环境、利益考量来独立地决策并且参与市场活动，根据亚当·斯密的观点，这恰恰是企业等市场主体提升竞争力竞争状态并且市场实现其调控功能的关键。

市场机制发挥作用的四项条件中，"划定清晰产权边界的市场主体"中的产权边界是为了保障市场主体的独立性独特性，防止市场主体趋同而造成垄断相关的效率损失；"政府市场关系明确"中通过对政府力量的得当激励与合理约束，保障市场主体免于不正当竞争；"正式制度体系与非正式制度体系"通过明文法律与不成文的信仰、道德、伦理对主体行为进行管制，以保障健全竞争性与行为独立性。从这一初步的逻辑关联中可以发现竞争性独立性的根源性意义。

另外还需要明晰企业并购重组的含义。并购的实质是在企业控制权运动过程中，各权利主体依据企业产权作出的制度安排而进行的一种权利让渡行为。并购活动是在一定的财产权利制度和企业制度条件下进行的，实质是企业权利主体不断变换的过程。

二、历史视角下独立性竞争性的意义与深层逻辑

（一）竞争性独立性约束企业商品定价

2014年，微软并购诺基亚，受到亚洲反垄断机构的警惕与调查。由于微软持有多项重要的专利技术，通过并购诺基亚闯入移动终端市场后，会彻底改变份额版图。诺基亚占据全球前三的专利量，加之随着安卓手机在亚洲市场逐步普及，微软完全有能力借助诺基亚并购形成寡头垄断，收取高额专利费用以打击行业竞争者。亚洲反垄断机构的谨慎管控正是为了保障相关企业的独立性与竞争性，一旦市场出现并购产生的垄断外部性，市场定价将极大受到市场势力的控制扭曲，严重时甚至会丧失市场机制的价格调控机能，最终边际收益曲线斜率达到需求曲线斜率的两倍，消费者剩余与社会福利受到破坏，社会无谓损失扩大，由消费者吞下苦果。

通过对并购案例的审慎对待，政府与行业尽力在合理区间保护企业的竞争性与独立性。竞争性与独立性的存在有助于约束市场的商品定价，企业数量越多、企业的市场势力越分散、企业优势越均衡，那么市场机制越能起到合意效果。

（二）竞争性独立性提升消费者多元化选择

多元化的缺失本质上是一种效率损失。企业主体有多种并购行为，其中旨在扩大市场份额的同行业并购极易产生商品品牌单一化倾向与商品特色与风格单一化倾向。以中国国内手机厂商为例，以华为、小米为龙头企业，以大唐、中兴、魅族、oppo、vivo等相对小众品牌为重要组成部分，在智能手机市场呈现出特殊的竞争状态——华为、小米的综合运行性能、8848系列的极佳商务隐秘性、oppo专业

画质性能、vivo 专业音质性能等等。在这种特征的市场中，涉及企业之间的兼并收购会受到一定程度的警惕与干涉，原因在于品牌的多样化存在有助于发挥自身的比较优势在相关技术以最低成本获得最大突破，竞争性独立性给企业带来赢利的同时满足了不同年龄、职业受众群体的特征与消费者多元化的需求。

通过对并购案例的适时控制，可以有效防止市场产品品牌本质化趋同，消费者的特殊个性化需求无法得到满足，企业业务趋同并导致消费者福利的减损与无谓损失的出现。多元化的商品供给对应多元化的消费者需求，保障了企业的竞争性与独立性，正是市场机制调整资源配置的体现。

（三）竞争性独立性助力幼稚产业成熟化

市场上任何一个新兴产业新企业，都会经历从幼稚到成熟的过程。总体实力相对薄弱的初创时期，难以应对外部成熟企业的竞争。

对于幼稚产业与新兴企业而言，对其威胁最大的莫过于来自巨头的并购压力。旧金山创业公司 FutureAdvisor 被全球最大私募股权基金 Blackrock 收购，91 助手被百度并购，智拓科技被雅虎并购……成百上千初创企业在雏形阶段时期已然具备广阔的发展空间，但是由于发展期资金运行的不成熟出现较长时期的亏损。一方面初创企业的创新性受到巨头重视，另一方面初创企业难以承受持续亏损成了其生存软肋，并购应运而生。这种并购使得有独立潜力的初创企业依附于巨头，无法作为一个独立的市场行为主体参与市场活动，总体上使新企业进入市场的难度逐渐提高，市场主体的竞争机制与优化机制受到了挑战并造成恶性循环。在这种情况下，相关管理部门应采取过渡性的保护扶植政策，提高其生存能力，使其具备竞争性与独立性并形成比较优势之后放开扶持，待比较优势的市场交易逐渐形成成熟，市场机制才能起效，才能对国民经济发展以及结构优化做出贡献。

三、现今商业环境与并购利弊的分析

（一）麦当劳收购案

2017年8月8日，中信资本收购麦当劳，后者改名金拱门。这一消息在让世人啼笑皆非的同时也引发了我们对于现今商业环境下资本并购的思考。麦当劳作为餐饮企业，由于产品过于单一以及供应链的高标准要求使其在并购之前已经在亚洲区受到了挫折；作为一家房地产投资企业，其拥有的地块价值固定化，由于发展空间挫折开始出售日本等多个国家与地区的股份。

由于中信资本所投资的顺丰物流可优化和健全物流体系，与麦当劳在物流冷链方面合作。另外，中信泰富的商业地产可为麦当劳店面选址带来便利。我认为这项并购案例对于双方则是互利共赢的，中信资本通过并购强化了新的行业的控制能力，实施多元化战略，分散了投资风险，同时借助麦当劳本名与改名一事提高中信资本的知名度，便于开展品牌经营战略；麦当劳则通过并购获得了先进的物流系统，场址规划，经营网络，专业人才等各类资源，为其未来的发展生存奠定基础。这一轮收购促进了市场资源的合理高效流动，使供求达到一致、优势互相弥补，也促使中信资本与麦当劳走出舒适圈，开始强化自身的竞争力，优化了市场主体与效率，助力市场机制的有效运行。

（二）阿里巴巴系列收购案

2017 年 8 月 24 日，饿了么收购百度外卖，随后不久阿里巴巴收购饿了么，又出现阿里全资收购大麦网。企业之间的层次性并购以及大企业的全方位并购呈现出新时期的特点。百度作为 BAT 三巨头中当下表现稍逊的一家，在众多领域出现了后劲不足的情况，许多项目被外包被并购被重组，百度外卖缺乏服务业务创新性，“美团”“饿了么”等形成外部竞争压力巨大以及集团内部对相关业务重视程度不足导致实力弱化被竞争对手收购；同时，阿里巴巴资本力量之雄厚则开始了全方位全行业全门类并购时代，饿了么的餐饮外送领域、大麦网的票务娱乐领域……阿里巴巴突破常规的横向市场份额拓展，开启纵向行业拓展，笔者认为阿里巴巴投资的根本目标在于争夺流量控制权。在控制流量为大战略的思维下，阿里巴巴广泛的资本投放固然没有问题，但是当我们从全社会整体经济的角度去考量，阿里巴巴的做法极有可能威胁到社会经济运行效率，形成准垄断的态势，而这种准垄断的趋势有可能造成市场势力控制价格、控制产品多元性，市场众多企业会丧失独立性竞争性，进而竞争机制、优胜劣汰机制以及风险收益机制受到一定程度的冲击，导致市场机制无法有效运行，最终导致社会经济效率的不合意。在这种情况下，政府相关机构应给以足够重视与警惕，严格监控市场运行相关数据，必要时应采取相应手段引导市场发展方向与规范市场主体行为。

四、管理策略分析与总结

根据上述关于企业并购与市场机制发挥作用的分析，我们不难得出——企业间的并购重组在一定情况下可以通过并购取得先进的生产技术，管理经验，经营网络，专业人才等各类资源以实现公司发展的战略，扩大生产经营规模、降低平均成本、提高市场份额、提升行业战略地位、实施品牌经营战略以提升竞争力，提高企业的知名度，并且通过收购跨入新的行业，实施多元化战略，分散投资风险，优化市场主体结构与市场主体行为。但是水能载舟亦能覆舟，企业并购在特定情况下会产生寡头垄断的情况，作为市场势力对市场价格、市场机制的有效运行提出挑战。

作为主动收购的企业与资本方，应合理评估本企业的中长期战略，关注收购方与被收购方双方的资源整合能力与彼此的资源特色，避免重复冗余性投资与雷同化出现，实现资源要素的合理流动实现效益的最大化，从而提升企业竞争性以保障市场机制的合意运行；作为市场上实力较为弱小的的企业，应致力于特色化的企业发展路线，发掘自身的比较优势并不断做大做强，提高竞争性与独立性，同时，一定要关注资金链处于合理供应状态，以期坚持过初期的亏损状态，达到长期的生存与发展，使市场上的企业多元化特色化，根据政策条件积极向相关管理机构申请产业保护，保障市场机制竞争机制的形成基础；作为政府管理部门，应该建立健全适宜的幼稚产业保护机制、初创企业扶持机制（如创业苗圃、孵化器等），为初创企业提供制度与硬件软件（如融资、税收、场址等）上的便利，同时对大规模并购案例进行关注监控与干涉，杜绝垄断现象的发生，建立健全量化的并购额度与规模控制，保障市场上存在多元化、有竞争性竞争力的、有独立性与特色的、能够长期发展进步并且有利于国民经济发展、经济效率提高与经济结构优化改善的市场主体，实现合理的政府职能。

第八篇

探究中国PMI与中短期股市波动的关联机制

【摘要】PMI，即中国制造业采购经理指数，本质上可以作为反映经济情况优劣的先行指标。通常认为若该指数高于50，则说明经济复苏呈加速态势，反之则经济呈现衰退迹象。部分历史经验显示中国物流与采购联合会发布的中国制造业采购经理指数与中国股市的波动状况呈现一定程度的正相关性，由此一部分经济学界人士得出了PMI和证券市场的走势正相关的结论。但笔者对此观点持疑惑态度并产生兴趣进一步探索，经过相关现实数据分析笔者最终得出不同的看法与结论：中国PMI对中国中短期股市走势具有有限的指导预测作用，易受外部环境影响而产生不定程度的背离。股市的波动需要结合资本市场心理预期、国际国内经济环境、利率汇率状况以及出台的相关政策综合分析，PMI能且仅能为股市提供大致方向的判断。

【关键词】制造业采购经理指数，非制造业采购经理指数，沪深300指数，工业增加值，信心与预期

一、相关概念定义与简介

（一）制造业 PMI

PMI 指数体系在经济预测和商业分析方面都有重要的意义。全球已有数十个国家建立了 PMI 体系，已成为世界经济运行活动的重要评价指标和世界经济变化的指向。作为一个先行指标，PMI 指数与国内生产总值变化趋势具有一定相关性，而凭借国内产业与国内生产总值的关系，又可进一步分析产业信息以及各产业发展趋势及其变化。

制造业 PMI 包含新订单、价格、产量、雇员、进口、积压订单、供应商配送、库存、新出口订单等制造业第二产业活动指标，基于对样本企业采购经理的月度问卷调查所得数据而合成得出，再对生产、新订单、雇员、供应商配送与库存五项类指标加权计算得到制造业 PMI 综合指数。

（二）非制造业 PMI

非制造业的指标体系包括未来商业活动预期、商业活动、费用水平、投入品价格指数、雇员等第三产业服务业指数，另外各国根据自身的国民经济发展状况补充扩散指标如采购量、积压订单、出口订单、价格、库存以及进口等补充辅助指标。依据其对经济的影响先行程度而形成各指数的权重，加权获得非制造业 PMI。笔者认为单一选择制造业 PMI 无法准确全面地反映中国经济的运行状况，故将非制造业 PMI 数据结合一起分析，以期对中国经济结构与经济发展现状具备相对较为完备的分析了解。

（三）沪深 300 指数

沪深 300 指数，是由沪深证券交易所于 2005 年联合发布的反映沪深 300 指数编制目标和运行状况的指数，为指数化投资和指数衍生产品创新提供了基础条件。沪深 300 指数的推出有望推动国内资本市场沪深 A 股市场的合并，促进全国性主板市场和创业板市场的诞生。由于沪深 300 指数的市值覆盖率高，对上海与深圳的证券市场状态具有综合评估反映的能力，且与上证 180 指数及深证 100 指数等现有市场指数相关性高，样本股集中了市场中大量优质股票，因此可以反映沪深两个市场整体走势。因而在本论文中，笔者将沪深 300 指数以及其相关的成交量、涨跌幅信息和指数数据作为中国资本市场的波动反映。

（四）信心指数

为了对 PMI 之外的资本市场影响因素进行分析，考虑到虚拟经济中投资者与实体经济中消费者生产者的预期作用与市场心理对资本走向至关重要，笔者将信心指数纳入本论文的分析范围。信心指数最早运用于债券市场，当债券交易者对经济表示乐观时，对低级别债券要求的违约溢酬率就较低，债券的收益率差就变小，信心指数接近 100%。因此，经验认为较高的信心指数一定程度上可以作为牛市的信号辅助判断。随着资本市场的发展，信心指数已经不仅仅用于债券市场，这项指数与 PMI 类似也作为一项先行指标在资本市场中起到总体方向的预判功能。

（五）工业增加值

工业增加值是以本期生产、最终成果、市场价格为计算原则的以货币形式表现的工业生产活动最终成果；是工业企业在一定时期内全部生产活动的总成果扣除生产过程中消耗的产品价值后的余额，简言之工业增加值是工业企业生产过程中新增加的价值。工业增加值反映一个国家或地区在一定期时期内新生产的和新提供的全部最终产品和服务的市场价值的总和，是地区经济发展的重要计量指标。因此，笔者在本论文统计 PMI 采购经理人指数的同时加入了工业增加值和同比增长率的数据分析，希望以此作为衡量实体经济发展提供更全面更可靠的补充依据，建立资金流量的基础并在此基础上分析中短期股市资本市场的波动状况与原因。

二、PMI 变化的影响因素

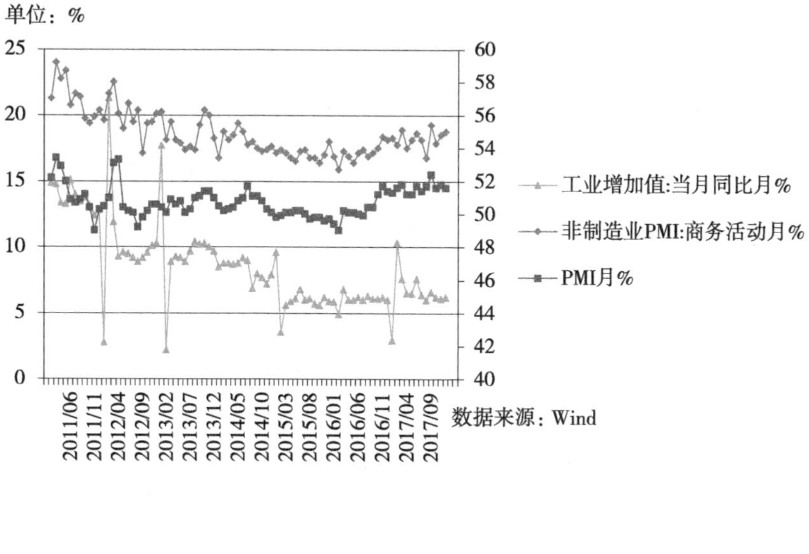

数据来源：Wind

（一）季节性因素

季节周期不仅仅是时间的变动。在经济全球化的背景下，各国在国际贸易环节中承担着不同职能，根据自身的比较优势进行特色化专业化生产，彼此之间对于产品的垂直性依赖逐渐加深，资本的全球流动使得季节对全球生产消费的影响不可忽视。季节对于全球各个国家地区的影响须结合地形、气候、科技等多种要素综合分析，农业经济的冬季生产会相对衰减而夏秋季节相对旺盛，工业经济尤其是轻工业经济易受制于农业产品原材料，服务业经济则建立在第一第二产业的基础之上。在跨国的贸易背景下，更要考虑到多边贸易不同季节、地形、气候、技术条件的总体状况与其对各国 PMI 的影响方式。由此可以发现，季节性因素对生产与贸易根据贸易对象的条件差异而对各国 PMI 产生方向、规模未定的影响。

（二）特殊时点因素

中短期 PMI 与对应工业增加值会受到特殊时点的影响如全国性中长假期以及习俗性的节假日等，在工业增加值方面反映尤其明显，在假期普遍存在较大幅度的波动，产生对总体趋势的局部背离（如图表红圈区域所示）。笔者推断存在两大主要原因。首先是企业生产的原因，以春节为例，随着政策的推行，春节期间对污染企业的限产停产逐渐严格，各地普遍加强了企业环境污染生产行为的限制措施如环保检查不放假，对污染企业限产停产；同时规模效应显著的大型企业与商品市场规模会受到春节时点的推动而对 PMI 产生不同影响。春节之外的各类节假日均不同程度的存在导致 PMI 波动的作用力。另一个原因是消费者消费需求的原因，节假日时点普遍存在生产放缓导致的制造业的短期下滑和需求提振导致的服务业短期上升，这一特征决定了 PMI 会根据制造业与服务业在一国经济中的地位比重综合产生影响。综上所述可以了解到特殊时点时段会对 PMI 指数产生方向、规模未定的作用影响。

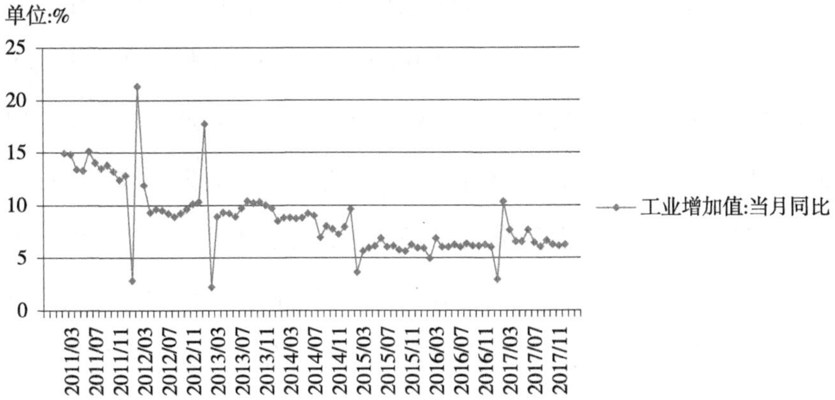

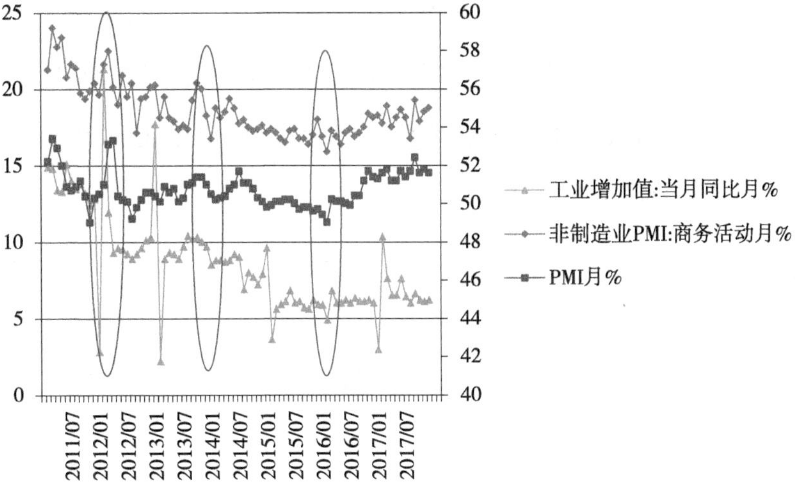

（三）CPI、PPI 与经济增速

通过分析 PMI 的计算方式与加权门类，笔者发现 PMI 指数受到多个经济指标影响。企业生产主要受生产成本和产品价格影响，笔者以 CPI 当月同比的变化反映企业生产成本变化，PPI 当月同比变化反映企业产品价格升降状况——如果 CPI 升高，则企业生产成本增加，对企业的生产规模与效益产生抑制作用；如果 PPI 增长，则产品价格上涨，相同条件下企业生产获利更大因而激励生产。笔者根据图表数据分析 CPI 与 PPI 的相关系数达到 0.56，局部时段数据 CPI、PPI 与 PMI 的相关系数绝对值分别突破 0.52 与 0.55，可见存在一定的关联影响作用。配送项目反映下游需求侧的状况，需求不足则配送时间相对更长，配送方面的影响因素即为需求的影响方面因素——受产品价格和宏观经济形势影响。订单主要受总体经济环境影响，宏观经济下行，市场对产品需求小，则企业接到的订单就少，生产就会受到阻滞。库存主要受上游供应链影响，宏观经济形势会作用于原材料成本，上游供给状况随之改变并继续传导作用于库存方面。最后是雇员项目，菲利普斯曲线表明一般情况下就业与通货膨胀存在反向关系，就业受通货膨胀率影响较大，本质反映在 CPI 的同比变动。综合分析，PMI 的决定要素的本质都受 GDP 增速、PPI 和 CPI 三者的不同程度影响。

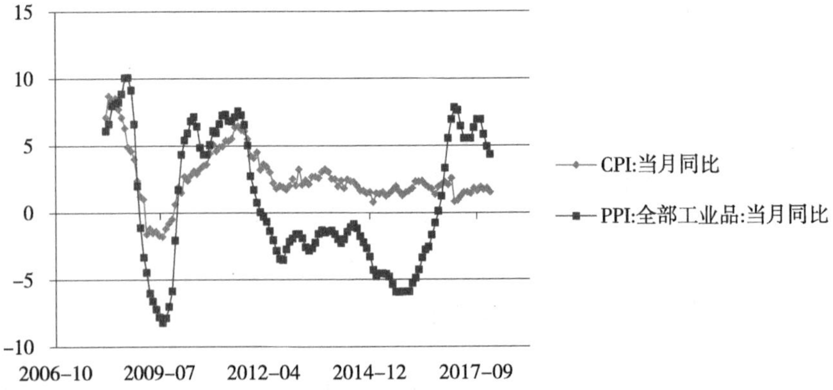

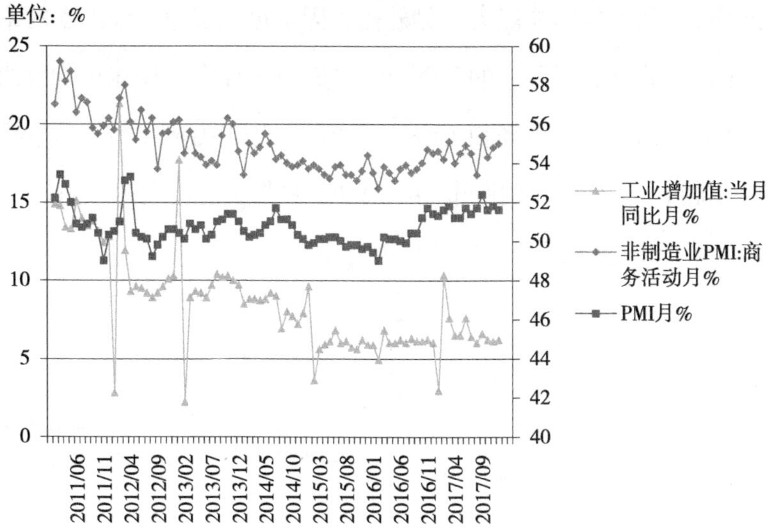

三、股市波动的标准与因素

（一）宏观政策因素

我国在改革开放之后资本市场才逐步发展，宏观经济政策因素对年轻的中国股市的影响作用至关重要。财政收入和支出通过国家预算、财政税收、国债等形式运行。基本财政收支状况能够较为全面地反映国家经济财政规模和账户平衡状态，对股市波动形成总体性的联动作用。从货币政策的角度，紧缩性货币政策的实行会使得货币供给减少，利率上升，对股价形成向下压力，而扩张的货币政策意味着货币供给增加和利率下调，使股价水平趋于上升。近年国家推行积极的财政政策和稳健的货币政策，结合国家的宏观政策指导笔者数据分析发现沪深 300 指数与对应的成交量、成交金额均处于稳定小幅上升状态，成交量稳定上升逼近 200 亿股，成交金额稳定增加至约 2000 亿元，各指标互相之间的相关系数基本位于 0.45 至 0.51 区间内，体现出宏观经济政策的影响能力。另外监管因素也是宏观政策因素的重要组成部分。管理层对股市的监管政策如官方对证券市场运行阶段的评价、舆论导向、资本市场相关法律法规以及防止内幕交易等信息披露制度的推行与优化对我国股市的中短期走势都具有极大的影响。

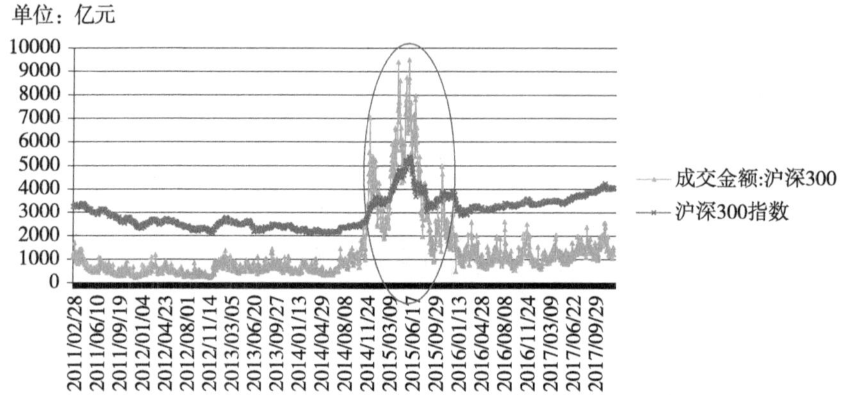

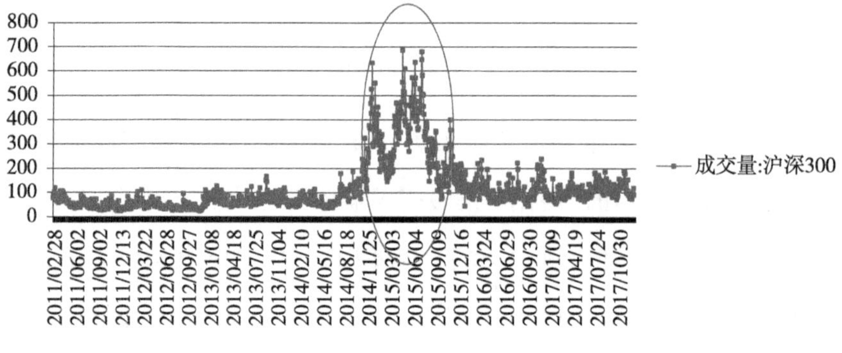

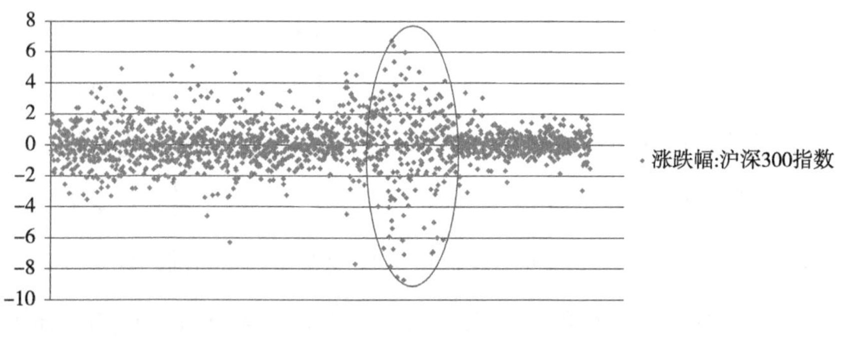

根据数据分析图表，笔者发现 2015 年出现了指数、成交金额、成交量的趋势背离波动，涨跌幅的分布也更加分散。结合政策背景，笔者发现与金融、证券监管有关的高官相继落网。另外大型券商利用权力和市场知情权，透过代理人渠道进行隐蔽的内幕交易，这些金融犯罪行为在相当程度上影响了股市的平稳健康运行。

（二）微观经济因素

公司业绩基本面以股票的现价作为集中体现指标，反映企业当下时段的运行质量；而企业未来的发展前景以公司自身成长性与发展阶段为代表，是股票中长期波动的关键要素。但是仅有公司自身发展状况也是不够的，企业所处在的行业大环境也是未来成长性的基础条件，行业的发展阶段很大程度上影响行业内上市公司的成长空间与进步瓶颈。在行业初创期，盈利能力较弱而投资风险相对较高，股价较低；成长期内利润增长幅度大，行业股价水平受到行业景气状况的支撑而上升；到了成熟期盈利逐渐趋于稳定，股价波动幅度小；如果技术替代显著或行业面临衰退期，则出现盈利减少，股价下跌。笔者根据股市数据分析发现电子信息软件、通信工程、新材料新能源、海洋工程、生物医药工程与军工等行业板块在 2011 至 2017 的时间区间内表现相对较好，盈利普遍高于平均水平 5 至 11 个百分点，亏损普遍比平均水平低 3 至 7 个百分点，这在一定程度上得益于行业的技术发展与生产力的革新以及国家的行业产业倾斜相关政策。

（三）市场预期与心理因素

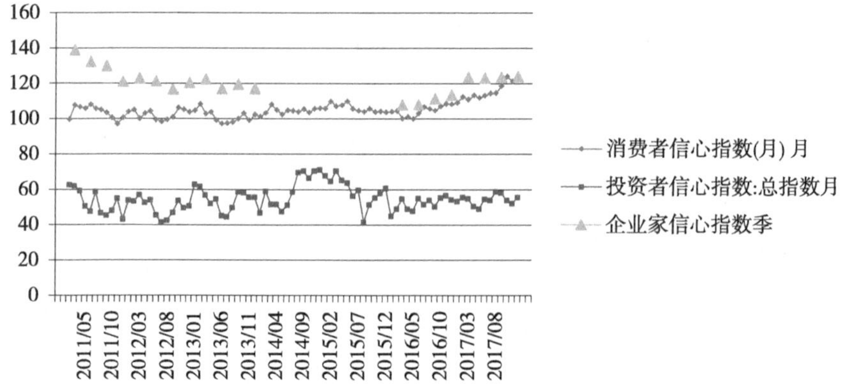

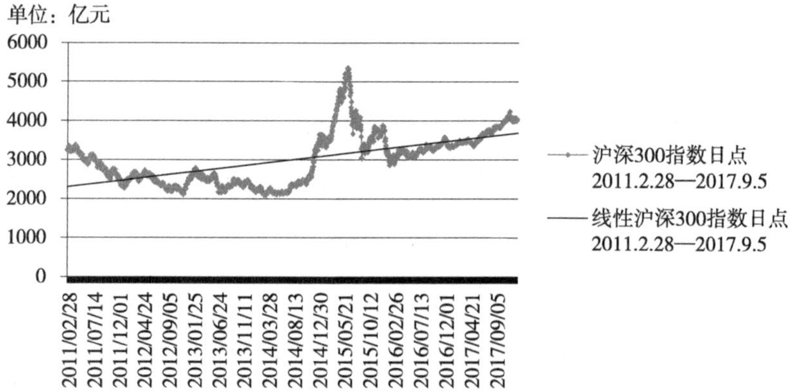

除了宏观经济形势与上市公司与行业的自身性质影响，股市的最重要参与者投资者以及实体经济消费者与企业家预期也会对股市的波动造成一定程度的影响，这种影响的根本来源是市场的估值预期与心理心态。短期投资者的心态主要对于短期股市价格波动存在影响，但是中长期投资者的影响就显得不那么显著，起到主要影响能力的可能是长线布局且具有资金优势的部分机构投资者。根据笔者的数据分析，消费者信心指数、企业家信心指数、投资者信心指数与沪深300指数的变动均呈现较高的相关关系，从图表分析可发现总体趋势线大致是相吻合的，且较长时段选区的相关系数分别达到 0.47、0.41、0.32，从波动的逻辑上分析笔者认为消费者与企业家的心理预期预判对股市具有较强的先行预测能力，因为消费者与企业家的心理预期决定了实体经济的发展活力，对虚拟经济资本市场的作用较为有效；同时笔者认为虽然沪深 300 指数与投资信心指数呈现较大的相关性，但是笔者在逻辑认为存在投资者因沪深指数变动而调整信心的可能性，因而因果作用可能发生置换。

消费者、企业家、投资者的心理预期会受到多种经济因素和政策因素等外部环境因素的影响，如通货膨胀预期、货币市场利率预期、国家政策预期、企业发展预期以及自身的风险偏好等……这些因素作为非客观的心理因素，在市场参与者博弈的过程中对股市产生方向未定、规模未定的波动影响，在一定程度上成为了股市相对总趋势产生背离的关键因素。

四、传导与作用机制分析

对于中国 PMI 对于中国股市波动状况影响的传导与作用机制，笔者将其划分为四个方向的传导过程——工业增加值、国内国际经济环境、市场信心与预期。笔者将以上述三个方面作为主要传导中介，结合数据分析探究 PMI 对股市波动的影响机理。

（一）以工业增加值为媒介

工业增加值是以本期生产、最终成果、市场价格为计算原则的以货币形式表现的工业生产活动最终成果；是工业企业在一定时期内全部生产活动的总成果扣除生产过程中消耗的产品价值后的余额，简言之工业增加值是工业企业生产过程中新增加的价值。排除季节性因素与特殊时点的背离之后，笔者根据数据分析发现工业增加值的总体趋势与 PMI 的总趋势是大体一致的，数据集中处理后整体相关系数突破 0.5，且工业增加值与非制造业 PMI 的相关水平高于制造业 PMI 相关水平。笔者认为中国近年第三产业服务业的发展势头良好，国家始终高度重视产业结构的调整与升级，加之工业的发展对于商业、物流、销售、服务业等依赖性越来越大，二者相辅相成的关系逐渐形成，一定程度上造成了非制造业 PMI 与工业增加值之间的关系相对更紧密。

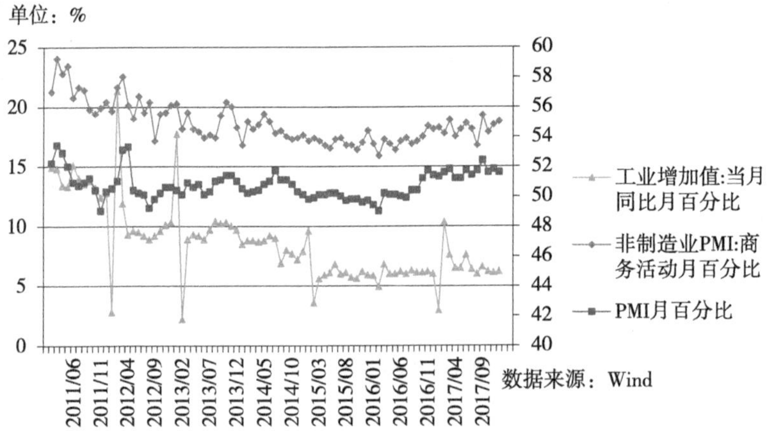

工业增加值与 PMI 在逻辑上的影响是相互的，PMI 高反映出企业整体运行良好，在新订单、价格、产量、雇员、进口、积压订单、

供应商配送、库存、新出口订单等项目上具有较强的竞争力和发展空间。制造业与非制造业 PMI 综合之下基本可以覆盖国民经济大体的运行状况，市场活动的企业整体 PMI 高会推动国民经济提振，同时作为生产衡量标准的工业增加值也提升。另外，工业增加值的提高也会带动相关产业企业扩大生产与市场竞争，在优化市场效率的同时反过来为 PMI 增长创造条件。

笔者继续通过分析工业增加值与沪深 300 指数之间的关系，在逻辑上工业增加值的提高反映出实体经济企业总体表现优化，作为资本市场的重要组成部分传导至股票市场，股市情况理论上应与工业增加值变动情况持平。然而笔者发现数据中股市与工业增加值（调和异常波动之后）在 2011 年至 2014 年以及 2016 年的相关性的确较高，符合上述工业增加值对沪深指数的传导影响，但是 2015 年以及 2016 年之后相关性较低，甚至出现一定程度的反常关系。笔者推断由于 2015 年的金融监管局势变动以及市场心理与政策预期导致资本市场出现违背一般逻辑的变动，之后将在后续部分展开分析。

（二）以信心与预期为媒介

消费者、企业家、投资者的心理预期会受到多种经济因素和政策因素等外部环境因素的影响，如通货膨胀预期、货币市场利率预期、国家政策预期、企业发展预期以及自身的风险偏好等…… 这些因素作为非客观的心理因素，在市场参与者博弈的过程中对股市产生方向未定、规模未定的波动影响。根据笔者数据分析发现消费者信心指数、企业家信心指数、投资者信心指数与沪深 300 指数的变动均呈现较高的相关关系，从前文图表分析可发现总体趋势线回归后大致是相吻合的，且较长时段选区的相关系数分别达到 0.47、0.41、0.32。这反映出消费者与企业家的信心对特定时间区间内的股市波动起到不容忽视的影响。笔者认为背后的逻辑在于消费者和企业家的信心高则在一定程度上决定了短期内资本市场的资金流向以及反映公司自身基本面状况，在信息上传递出股市有上涨趋势的信号。

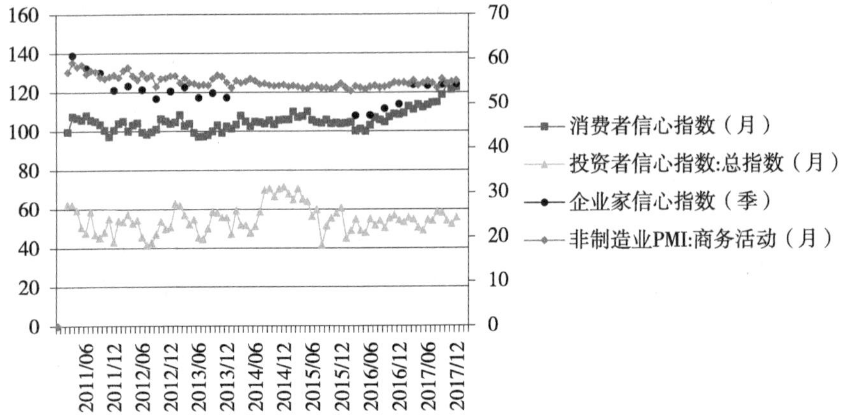

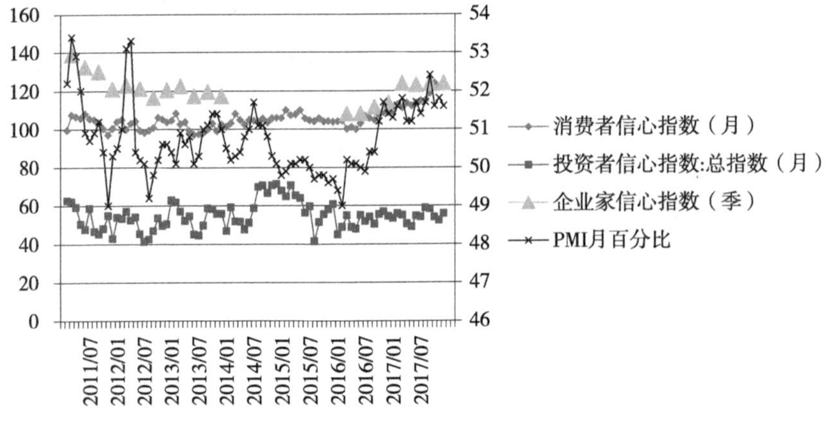

另外，笔者继续分析 PMI 与信心指数的关联逻辑。通过趋势线的回归分析发现，总体上中国 PMI 与沪深指数的关联程度达到 0.41。其中非制造业 PMI 与消费者、企业家心理预期在中长期内的关联程度较高；制造业 PMI 在 2012 至 2014 年中与投资者信心关联度较高，而从 2014 年年末之后与企业家和消费者的关联程度较高。笔者认为背后的逻辑在于 PMI 主要反映实体经济发展状况，以库存、订单、雇员等众多实体经济发展的硬性标准作为加权门类，中国政府在近年逐渐提升对实体经济的重视程度，逐步开始推行供给侧结构性改革，对于实体经济领域的去杠杆、去库存、去产能、降成本、补短板等方向指导性举措使得实体经济对于金融领域的波动态势贡献增加，而以往的金融投机与恶意操纵市场行为在强监管的打击之下逐渐销声匿迹，因而 PMI 在与实体经济发展那相互扶持的过程中传导作用于消费者与企业家心理以及效果相对减弱的投资者心理，消费者与企业家的市场预期与心理又对股市波动形态产生影响，并且这种影响正在逐渐提升。

（三）以国内国际环境为媒介

当今时代全球一体化达到了新的高度，生产一体化、贸易一体化、金融一体化逐渐成熟，因而中国的资本市场不可能完全独立于国内国际的经济环境而运行。国内环境的法律秩序、财政、货币状况，国际环境的资本流动、国际贸易收支以及世界经济大国的经济金融波动都会对股市产生综合合力的作用与影响。从货币政策的角度，紧缩性货币政策的实行会使得货币供给减少，利率上升，对股价形成向下压力，而扩张的货币政策意味着货币供给增加和利率下调，使股价水平趋于上升。财政收入和支出通过国家预算、财政税收、国债等形式运行。基本财政收支状况能够较为全面地反映国家经济财政规模和账户平衡状态，对股市波动形成总体性的联动作用。近年国家推行积极的财政政策和稳健的货币政策，结合近年逐步开始推进的供给侧结构性改革，根据笔者的数据图表分析（排除局部区域异常变动）股市总体趋势线呈现小幅上涨状态吻合上述逻辑，而2015年出现了成交量、成交金额的背离常规变动以及涨跌幅的离散状态。一方面国内金融犯罪案例对 2015 年早期的股市波动产生一定的影响，另外国内金融环境早期的相对混乱以及国内 2015 年之后加强监管的总体环境使得市场信心出现波动，带动资金流动、成交量的骤增和沪深 300 指数的异动。

另外，笔者继续分析 PMI 与国内国际经济环境的关联。从逻辑上可以得出整体的宏观经济状况决定了实体经济企业参与者的总体发展方向，宏观经济发展阶段与国家相关政策、产业支持力度以及金融监管决定了国家 CPI 变动状况，从而传导影响货币政策与财政收入支出水平，另外还会影响 PPI 数据，对企业库存、杠杆、信贷待遇以及上游下游产品价格、成本产生作用。综合得到国家国际经济环境对 PMI 互相造成传导性影响。

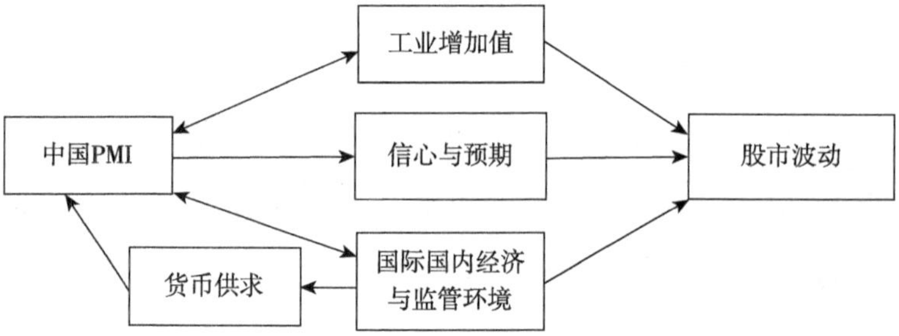

五、政策建议

通过对中国 PMI 对股市波动的影响与传导机制的分析，笔者下一部分将结合股市波动的传导机制与因素，针对目前中国的经济金融现状，进一步探究如何利用前文所得出的传导机制的结论，对中国未来股市如何防止异常波动，构建更健康更规范的资本市场提出一些政策建议。

（一）汇率制度

中国目前实行以市场供求为基础、参考一篮子货币进行调节、有管理的浮动汇率制度。人民币汇率不盯住单一美元，而是按照对外经济发展的实际情况，对若干种主要货币赋予相应的权重，组成一个货币篮子，根据市场供求关系来进行浮动，是属于介于固定汇率与浮动汇率之间的过渡汇率制度。国家根据国内外经济金融形势对人民币汇率进行管理和调节以维护人民币汇率在合理均衡水平上的基本稳定。随着近年来中国在国际贸易中占据的比重逐渐提升，汇率制度也应开始开展对应的变革，出于对国际贸易的融合需求国家汇率制度应择机逐渐向浮动汇率制度转变，辅助减少外汇储备，建立更加独立自主的货币政策并且有效缓冲国际金融市场的冲击，对于中国国内经济金融环境以及监管秩序不无裨益。通过国内国际经济宏观环境中的汇率制度调整，在中国与世界实体经济 PMI 与中国资本市场之间楔入稳定器的角色，有助于中国资本市场的合理运行与防止股市异常波动带来不必要的损失。

（二）制造业发展的国家支持

按照三次产业的比例演化规律，第一第二产业比重下降，第三产业比重上升，但是这并不代表制造业绝对量的下降，且第三产业的发展是建立在制造业等第二产业的基础之上的。制造业现在已经成为全球经济发展竞争的制高点，发达国家的制造业高端回流和发展中国家依托于廉价劳动力进行的制造业中低端分流都给我国的制造业发展带来莫大的挑战。然而，制造业是中国 PMI 的重要影响力量，制造业的稳定成长与发展决定了中国资本市场股市波动能否避免恶性异动。国家应该减少资源依赖型重工业重能耗企业，以政策支持新能源新材料新技术新设备的应用，提高自主创新能力与科研成果转化率，同时加大对外技术投资。如此，国家对制造业进行一定程度的辅助发展有助于制造业度过技术变革的瓶颈期，有利于制造业 PMI 与非制造业 PMI 的持续向好与稳定发展，进而通过传导机制对工业增加值产生积极推动效果，中国股市波动起到稳定发展的作用。

（三）供给侧结构性改革

近年国家大力推进供给侧结构性改革，最大限度发挥市场的价格发现功能，在价格、风险、激励、优胜劣汰机制的作用下将每个市场主体的行为规范化，市场参与者在微观利益的激励与行为目标的硬性约束下会调整自己的产量、库存、杠杆比例，从而达到去除多余产能、消除过多库存、降低恶性杠杆与成本的目的，使得技术结构、能源结构、产业结构、市场结构合理化协调化。

振兴实体经济是供给侧结构性改革的核心，根本在于微观主体活力与宏观调控的协调。以深化体制机制改革和政策调整，构建公平竞争的制度环境为重要任务的供给侧结构性改革，既巩固现代金融体系抑制虚拟经济的过度膨胀，也为实体经济的振兴提供全新动力。通过扩大有效供给，提升供给结构产业结构的效率与质量，解决实体经济多年积累的产能过剩、库存过多等存量矛盾使实体经济不断提升产品的附加值，满足消费者的消费升级需求——这是实体经济核心地位的体现，是供给侧结构性改革的根源目标，更是提升创新型国家实力与民族品牌国际竞争力的必经之路。通过供给侧结构性改革，对工业企业的产能、雇员、订单、库存等项目产生积极推动作用，有利于中国 PMI 的稳定提振，同时相关的政策颁布与执行会使消费者与企业家，进而投资者形成较为稳定的信心与预期，有助于市场心理的健康形成，传导作用与中国股市避免其发生不必要的异常波动。

（四）“一带一路”国际市场对接

国家要加快推进市场化工业化建设，在 WTO 等国际经贸组织中掌握更多话语权。打铁还须自身硬，中国经济的市场化建设受到部分历史政治原因仍然处于不完善的状态，市场机制作用不够完善，工业化也处在建设阶段。只有坚持中国特色多重转型发展，以“一带一路”为依托吸纳资源，同步加快推进商业化、市场化、工业化，借鉴国际领先经验用于强化社会主义市场机制作用并且规范市场主体行为，并且以“一带一路”为沿线国家带来共同经济利益，才能最大程度的被国际社会所接纳。在广泛被接纳的基础上积极参与 WTO 经贸事务，培养对全球自由贸易的影响力。同时应该推动区域经济集团合一化。区域经济集团的分立一方面推进集团内部自由贸易秩序的形成，另一方面也带来了过于复杂的经济关系，这使得区域经济集团替代了单一国家成为贸易保护的单元，这与常规贸易保护别无二致。中国应该以“一带一路”战略为主要骨架，以中国参与的多个经济组织如金砖国家、APEC 等为组成内容，勇于推进中国参与的经济集团间的融合合并，使小集团经济体发展壮大成为全人类命运共同体的大集团经济体，真正在形式与实质上都实现天下经济大同之势，真正达到自由贸易的目的。如此，通过“一带一路”与国际市场对接，有助于中国市场融入世界经济秩序，赋予中国更多国际经济机遇的同时构建和谐的国际经济环境，另外国际企业的技术、管理经验以及人才都对我国经济发展具有强大的借鉴意义，使中国的经济进一步走向国际化开放化，根据前文的逻辑链条，稳定的国际环境因素楔入实体经济 PMI

与股市之间有助于中国股市形成可预期的震荡而避免频繁的剧烈波动。

（五）人民币国际化

国家应该将“一带一路”与亚洲基础设施投资银行的职能紧密配合并推进人民币国际化。亚投行为基础设施建设提供融资，已受到包括欧洲多国在内的大量国家参与与认可，将“一带一路”与亚投行融资项目相互融合，既为“一带一路”提供了充足的资金资本支持，保障国家项目资本融通与战略顺利实施；又可以提升亚投行的地位与价值，获得国际认可与信任。由于“一带一路”与亚投行同为中国发起，这对于中国的国家经济发展与国际形象极有裨益。在纯粹的金融领域，中国则应积极推进人民币国际化，人民币纳入 IMF 特别提款权就是一个鲜明的例子。人民币国际化可以使人民币国际结算更为便捷，使中国货币在世界金融领域更具影响力，对于“一带一路”的国际交往与经济建设会产生潜移默化的激励。另外人民币国际化须结合汇率制度的变革、稳健的货币政策与积极的财政政策，同时坚持但谨慎对待金融开放与资本流动，加强国内国际金融环境的监管力度与制度建设，如此综合作用下使得中国股市与世界资本市场的融合度提高，有助于中国资本市场的成熟化、国际化、健康化，促进中国股市避免恶性波动带来的不必要损失。

第九篇

新中国企业产权制度变革史的探究与思考

【摘要】新中国成立以来国家社会主义经济建设在不断探索中前进，作为国家经济发展的制度基石——产权制度也发生了翻天覆地的变革。结合新中国成立以来的四大历史发展时期的特色，笔者对新中国企业产权制度变革历史进行了梳理，并结合相关史料与数据分析变革特征，提出了“产权制度变革史的核心推动力是市场观念与市场力量”的个人观点，并以此分析为基础对未来中国经济产权发展走向提出了一些建议。

【关键词】产权制度，所有制，社会主义市场经济，市场力量

产权，是人们之间利益相关的权利束。自古罗马时代以来，产权和所有制就已成为人们生活中密切关注的主题。在人类历史发展的过程中，产权的范畴也随之逐渐发展，除了有形的物质财产权之外，逐步衍生出了占有权、收益权、支配权与人权，近年来更是将知识产权的重要性推向了前所未有的重视程度。新中国成立以来，先后经历了建国改造时期，体制形成时期，改革开放时期以及中国特色社会主义发展时期，而企业产权制度也经历了丰富的变化。

笔者作为一名经济学院的学生，阅读了《中国近现代史纲要》等教材获得了产权变革史的大致了解之后，对新中国产权变革历史产生了深入研究的浓厚兴趣。阅读《2018 中国经济新方位》《现代产权理论与中国产权制度改革》《中国经济史》等课外书籍并且查阅了中国社科院相关的调查研究文献后，笔者通过分析产权制度的演化史并且探究不同时期改革特点的逻辑承接关系，发现市场力量是背后引导新中国产权变革历史的核心，并希望通过对其的探究阐发对未来中国经济的思考。

一、建国改造时期的产权制度

1953 年，毛泽东提出了党在过渡时期的总路线，即“要在一个相当长的时期内，基本上实现国家工业化和对农业、手工业、资本主义工商业的社会主义改造”，[①]其中“资本主义工商业的社会主义改

① 中国社会科学研究院经济研究所：《中国资本主义工商业的社会主义改造》，人民出版社 1978 版，87 页 .

造”揭开了新中国企业产权变革的序幕。1952年1月至10月，中共中央实行经济领域为主的“五反”斗争，这场斗争之后中国的企业产权通过管理权与所有权的转移实现了从资本家所有制逐步转变为全民所有制。根据相关史料记述，1954年“国家规定接受加工订货的企业必须定期向国营经济部门申报成本”，并且推行“驻厂员制度”[①]。通过历史环境分析与自我思考，笔者个人认为这是建国改造时期产权制度改革最成功的措施——通过温和的过渡手段，既实现了工人参与掌握企业经济运行状况、对资本家决策进行行为监督财务监督等企业重大运营事项，工人告别了被压迫被统治地位转而获得了一定程度的管理权力，从一个侧面体现“人民当家做主”的政治纲领；同时“劳资协商会议”与“增产节约委员会”等机构部门的设立使资本家无法仅凭个人意愿专断决策，一定程度上促进了企业决策的科学化与权力的相互制约，甚至出现了现代企业制度的影子，提升了总体经济效率；再者，四年转移管理权，三年转移所有权的方式以及改造时期的政策“每年给资本家相当于资本量5%的定息，并作为国家雇员身份安排到原企业或其他企业工作”[②]使资本家获得了缓冲的空间，防止经济、政治与社会产生剧烈波动。

另外，1951年3月30日中财委颁布了《私营企业暂行条例施行办法》，对于私营企业之后的产权运行提出了操作方式的雏形。《条例》通过第八、九、十四、二十五、二十六、二十八条明确通过法律法规的形式对私人投资进行鼓励与保护，并首次将保护私人财产所有权与利润作为私人投资的首要保护原则，这在相当程度上反映出新中

① 桂勇：《私有产权的社会基础——城市企业产权的政治重构（1949–1956）》，立信会计出版社2006版，151页.

② 薛暮桥：《过渡时期经济领域中的两条道路斗争》，上海人民出版社1978年版，第36页.

国早期的经济领导层已经具有了产权的基本观念，并且已经通过相关的实际举措将这种对产权的重视落实下来。通过对新创设的企业实施审核登记制度，努力使私人经济配合计划生产——这是在当时社会主义经济体制的思想观念下的必然行动，笔者认为值得注意的是国家在当时的经济建设条件下并没有完全忽视私人产权的存在而单一坚持计划经济体制，而是选择了保护私人投资的同时将私人投资尽可能地向计划经济体制靠拢融合并且对利润分配的比例与大致原则做出了指导性意见，这是影响之后数十年的明智之举，对未来中国的产权制度发展以及产权思想的进步打下了坚实的思想基础与经济基础。

建国改造时期的产权制度改革在路线坚定的同时又具有温和渐进性，保障社会经济整体稳定有序的前提下迈出了产权过渡的重要一步，从历史发展角度而言，笔者认为这一时期的产权制度改革为之后 15 至 20 年内体制形成成熟时期的进一步产权变革奠定了坚实基础与实践准备，从某种意义上决定了中国日后产权变革的大方向和历史走势。

二、体制形成时期的产权制度

改革开放之前的 25 至 30 年间，我国通过相关政治学说经济理论的研究与长时间的社会主义经济建设探索，逐渐形成了当时历史条件下的社会主义公有制经济。1958 年后，大部分集体所有制企业转变为国有制企业。在这一历史时期，国有经济与集体经济共同组成了社会主义公有制的经济产权布局。根据《中国劳动统计年鉴 2013》的数据，截至改革开放之初，我国城镇单位就业人数共计为 9500 万，国有单位就业人数 7500 万，占总就业数 78.4%，集体单位就业人数

2000万，占总人数的21.6%。[1] 结合对这一公有制产权形成时期的其他历史政治事件的横向分析，笔者发现这一阶段艰辛的制度摸索与日后国有企业产权管理产生的弊病难除具有紧密的联系。这一时期国家始终对国有企业进行高度集中的管理，政企融合使得企业缺乏自主权，生产什么，生产多少，定价如何均由政府决定；企业目标不是利益最大化而是完成上级下达的任务指标，预算软约束导致效率低下和“投资饥渴症”；企业产权规定为全民所有，但是“全民”并没有真正履行国有资产保值增值的责任从而极易出现国有资产的管理问题……通过分析与思考，笔者认为1966年“文革”十年的政治局面动荡加之以阶级斗争为纲的政治运动热情极大干扰了正常的经济生产，导致产权所有制单一的公有制经济逐渐僵化而没有得到及时有效的改正，单一公有制下的平均主义与混乱指挥导致国有企业出现不同程度的低效与浪费，并且出现了国家经济在长时间内处于停滞徘徊的局面。

不过，在这一时期仍有少部分具有推动作用的案例出现，例如1960年“鞍钢宪法”提出的干部参加劳动、工人参加管理，改革规章制度，结合领导干部、技术人员与工人群众的组织管理模式，[2] 企业工人不再像改造时期那样通过组织间接参与管理，而是直接掌握管理权。笔者通过相关数据的分析与相关文献记述的阅读，发现“鞍钢宪法”的精神实质是“福特主义”的延续与改革，在一定程度上是对福特式的僵化的、垂直命令为核心的企业内分工理论的挑战。“两参一改三结合”就是“团队合作”的另一种体现方式，是工人、技术人员和管理者的团队合作的过程，每人不固守僵化的技术分工，随时随地

① 数据来源:《中国劳动统计年鉴2013》，中国统计出版社2014年版，第12页．

② 白暴力著:《现代产权理论与中国产权制度改革》，经济科学出版社2016年版，第153页．

解决“无库存生产方式”中出现的问题。笔者深切感受到这的确是产权变革的一大时代特色体现，蕴含着现代产权制度的一些思想雏形。

通过个人的分析理解，笔者认为产权制度在这历史条件下无法得到制度建设的彻底优化与创新，一方面反映了当时社会主义经济建设理论研究的相对不成熟，反映出国家制度建设摸索过程的艰辛，也必须承认其给国民经济带来了一定的困扰，产生了一定的历史负面效应；但另一方面，从历史发展角度来看，一部分先进案例却实实在在地为改革开放提供了充足的理论实践支撑与开阔的改革空间，给改革开放之后中国产权制度与经济体制的历史性转轨提供了柳暗花明又一村的机遇。

三、改革开放时期与中国特色社会主义的产权制度

1978 年，党的十一届三中全会首次提出要让企业获得更多的经营管理自主权，1999 年党的十五届四中全会重申国有企业改革的重要性并制定了具体的行动路线，2007 年党的十七大报告又进一步提出要深化国有企业公司制股份制改革，并且健全现代企业制度……改革开放以来各项有关于国家产权制度的政策相继出台，其频率之高足见政府对于产权制度改革的重视程度之高，这其实与邓小平时期开始对政治运动与经济建设的权衡有密切关系。自 1988 年 2 月 27 日以来，国务院多次修订《全民所有制工业企业承包经营责任制暂行条例》，进入国家放权让利阶段——通过拨改贷、利改税，将原本对于企业的拨款转变为企业自行向金融体系贷款以此硬化预算约束，将原本企业利润完全上缴转变为收取税收，允许企业留成以此提升生产积极性。之后又进行了承包经营的尝试，但受限于基数原因、期限原因与监管原

因，承包经营并未取得良好效果。90年代之后又采用了股份制改革，通过发行股票上市、精简人员、产权多元化以及股权分置改革等措施实现经营权与所有权的分离。国家在企业产权改革方面先后采用放权让利、承包经营、股份制公司制改革，笔者感受到这些大刀阔斧的改革在维护整体经济根本性质不变质的前提下勇敢尝试建立现代产权制度，致力于国民经济活力最大化产生了不可否定的显著效果。

在对国有企业股份制改革的同时，民营企业与外商投资企业也开始不断发展。新中国在社会主义经济理论实践上迈出了在笔者看来艰难又坚定的一步——接受和引入私营经济与非公经济。《中国工业数据2013》记载，从1985年至2012年，私营企业数量最终占工业企业的一半以上，外商次之占约20%，国有企业数量比重逐年下降最后至5.2%左右。[①]

这时期来自国内的质疑、批判、否定与来自国外的封锁、打压、孤立都对国家产权制度改革产生了不小的冲击，但是在多届领导班子的艰苦努力下最终还是形成并巩固发展了“公有制为主体，多种所有制形式共同发展”的中国特色社会主义基本经济制度，可以明确的是基本经济制度构建了中国特色社会主义产权体系的理论框架，也成了现在乃至将来造福新中国经济的中国特色社会主义产权制度的核心。

四、市场力量对产权历史的背后推动作用

通过对建国改造时期、体制形成时期以及改革开放后期的产权制度改革历史分析，笔者不禁产生了对引导产权制度变革的根源性力

① 数据来源：《中国工业数据2013》，中国统计出版社2014版，第8页.

量的好奇与探索。黄孟复在《中国民营企业劳动关系状况调查》中表示计划经济体制下信息的不充分与决策的不科学是推动中国现代企业产权制度改革的决定性力量。[①] 对这一观点笔者不完全赞同。必须承认的是新中国诞生早期的计划经济体制造成的资源配置无效率的确在一定程度上给予产权制度改革以激励，但是这种激励只是一种诱发条件，它的作用时效极其有限，无法用来解释改革开放前后期的产权制度改革的持续推动力。

作为观点的碰撞，笔者认为市场观念与市场力量才是产权改革背后的逻辑链条。中国在近代就已经产生了市场化的概念，市场的运行力量自新中国三大改造时期起就在国民经济建设中起到暗中的刺激与推进作用，顺之者昌，逆之者亡。建国初期的三大改造期间，目标将私有制的个体经济改造为公有制的集体经济，但是中央集权的非市场化经济体制制约了人的全面发展，计划经济及其行政手段违背了市场运行的规律导致资源配置的无效率与结构的严重扭曲[②]——逆市场的经济环境推动了产权改革的迫切性。国家在体制形成时期进行了相对不成熟的产权改革，“一大二公”的单一所有制导致平均主义与混乱指挥，按劳分配及“大锅饭”则造成缺乏激励共同贫穷——与市场力量规则不相吻合给发展带来较大压力，推动了经济的大幅度改革开放。改革开放及之后的时期，在市场观念的引领指导下积极采用渐进的市场化手段，以公有制为主体，承认私营经济，发展非公经济，促进市场规则、市场机制与市场主体的健全完善——顺应市场力量而获得了经济的长期高速稳定发展。由此可见，市场观念与市场力量是引导企业产权制度改革的背后决定性力量。

---

① 黄孟复著:《中国民营企业劳动关系状况调查》，中国财政经济出版社 2008 年版，第 58 页 .
② 陈勇勤著:《中国经济史》，中国人民大学出版社 2008 版，第 36 页 .

笔者在探究分析中国产权演化历史的过程中注意到近几年国家大力推进供给侧结构性改革，认为这一改革与产权制度演化历史的背后逻辑关系密切。供给侧改革最大限度发挥市场的价格发现功能，在价格、风险、激励、优胜劣汰机制的作用下将每个市场主体的行为规范化，市场参与者在微观利益的激励与行为目标的硬性约束下会调整自己的产量、库存、杠杆比例，从而达到去除多余产能、消除过多库存、降低恶性杠杆与成本的目的，使得技术结构、能源结构、产业结构、市场结构合理化协调化。振兴实体经济是供给侧结构性改革的核心，根本在于微观主体活力与宏观调控的协调，总的来说就是产权制度演化史总结出的市场观念。以深化体制机制改革和政策调整，构建公平竞争的制度环境为重要任务的供给侧结构性改革，既巩固现代金融体系抑制虚拟经济的过度膨胀，也为实体经济的振兴提供全新动力。通过扩大有效供给，提升供给结构产业结构的效率与质量，解决实体经济多年积累的产能过剩、库存过多等存量矛盾使实体经济不断提升产品的附加值，同时满足消费者的消费升级需求，真正吻合市场力量的作用趋势与市场观念的成熟化。

这一供给侧结构性改革是对建国改造时期、体制形成时期、改革开放时期产权制度演化历史的深层逻辑总结和延续传承，标志着国家正在汲取三大时期产权制度改革历史的经验，并且积极运用于现代经济环境造福中国经济发展与中华民族伟大复兴。

五、对未来中国经济的一些思考

学习中国的产权变革历史并融入个人的思考，不仅仅是要反思过往，更是要为未来的发展做好准备与规划。在当今中国的经济发展过程中，宏观环境下的经济仍然存在一些风险。中国特色社会主义产权体系总体上实现了现代产权制度，为市场化进程与分配制度深化改革做下铺垫，也是维持国民经济持续向好发展的关键支撑。但是中国现阶段实际处在的经济新常态决定了发展路途必定是漫长而艰辛的，首先面临的是社会总需求疲软的窘境，这导致经济下行压力较大；其次面临的是国民收入分配结构的失衡，国民经济 10% 的富裕家庭占有了城市居民 45% 的财产，而 10% 的最低收入家庭只占有了 1.4%；再次面临着通货膨胀与经济下滑的双重风险“滞胀”；最后便是所有因素汇集而形成的“中等收入陷阱”。想要规避宏观经济的风险与发展中国家“中等收入陷阱”，我们任务的核心还是应回归到产权制度的改革——对现有的国有企业而言，应进一步推动现代企业制度的推广与坚持，调整国有资产的责任主体的权、责、利调和机制，加速并坚持国有企业的现代产权制度建设；对目前的民营企业、外资企业而言，应加大管理力度，严格推进业主制企业与古典企业制度向现代产权制度权力分离的转变，否则将成为干扰国家经济稳定发展的最大病症；最后国家应积极推进产权制度的正规、行之有效的法律制度规则以加大监管力度，并通过社会宣传教育推动现代产权制度的观念深化。如此，通过产权制度变革史的研究，折射到现实生活的经济建设考量，笔者相信通过进一步深化优化产权制度改革，社会总需求会重新恢复活力，国民经济收入结构会逐步趋向合理化并且能实现国家经济的持续向好。

同时，与产权变革历史一同发展进步的还应该有国家经济市场化、工业化、国际化步伐。国家要加快推进市场化工业化建设，在 WTO 等国际经贸组织中掌握更多话语权。打铁还须自身硬，中国经济的市场化建设受到部分历史政治原因仍然处于不完善的状态，市场机制作用不够完善，工业化也处在建设阶段，这对于中国自身经济生产力发展产生一定程度的阻滞作用，不利于产权制度向健康高效方向发展。只有坚持中国特色多重转型发展，以“一带一路”为依托吸纳资源，同步加快推进商业化、市场化、工业化，借鉴国际领先经验用于强化社会主义市场机制作用并且规范市场主体行为。同时应该推动区域经济集团合一化。区域经济集团的分立一方面推进集团内部自由贸易秩序的形成，另一方面也带来了过于复杂的经济关系，这使得区域经济集团替代了单一国家成为贸易保护的单元，这与常规贸易保护别无二致。中国应该以“一带一路”战略为主要骨架，以中国参与的多个经济组织如金砖国家、APEC 等为组成内容，勇于推进中国参与的经济集团间的融合合并，使小集团经济体发展壮大成为全人类命运共同体的大集团经济体，真正在形式与实质上都实现天下经济大同之势，如此，通过“一带一路”与国际市场对接，有助于中国市场融入世界经济秩序，赋予中国更多国际经济机遇的同时构建和谐的国际经济环境，另外国际企业的技术、管理经验以及人才都对我国经济发展具有强大的借鉴意义，使中国的经济进一步走向国际化开放化，反过来进一步推进中国产权制度的下一步改革与经济实力与国家综合力量的发展壮大。

参考文献：

［1］中国社会科学研究院经济研究所：《中国资本主义工商业的社会主义改造》，人民出版社 1978 版．

［2］桂勇：《私有产权的社会基础——城市企业产权的政治重构（1949–1956）》，立信会计出版社 2006 版．

［3］薛暮桥：《过渡时期经济领域中的两条道路斗争》，上海人民出版社 1978 年版．

［4］《中国劳动统计年鉴 2013》，中国统计出版社 2014 年版．

［5］白暴力著：《现代产权理论与中国产权制度改革》，经济科学出版社 2016 年版．

［6］黄孟复著：《中国民营企业劳动关系状况调查》，中国财政经济出版社 2008 年版．

［7］陈勇勤著：《中国经济史》，中国人民大学出版社 2008 版．

［8］《中国工业数据 2013》，中国统计出版社 2014 版．

第十篇

中国居民收入差距现状成因与相关对策分析

在改革开放之后，经济快速发展的同时中国居民收入差距呈现逐渐扩大的趋势，收入差距的形成原因与应对方法研究成了经济学界长期重点关注的问题。作为我国国民经济当下面临的具有重要影响的现实问题之一，以城乡收入差距、地区收入差距、行业收入差距为主要体现的中国社会居民收入差距对社会经济的和谐稳定可持续发展产生了阻碍。十八大报告提出“要加大统筹城乡发展力度，增强农村发展活力，逐步缩小城乡差距，促进城乡共同繁荣”，标志着政府正在对居民收入差距投入极大的关注与重视。

在我国居民收入差距居高不下的现实局面下，各地区、各行业、各部门在经济发展过程中体现出一定程度的不同，融合了来自于国家经济发展的宏观政策影响与行业、地区、城乡自身的发展特征特色，亟待我们开展深入全面的分析与思考。缩小居民收入差距是实现城乡和谐发展、行业互相扶助以及国家经济稳定向好发展的必然要求。笔者在本文将结合居民收入差距的分类与现状、收入差距的形成原因分析以及相关的收入分配对策三方面展开论述分析，以期能够对中国社会居民收入差距现状进行初步的探索与研究。

一、中国居民收入差距现状与实证分析

结合课堂授课内容与笔者的课外阅读学习，本论文中将中国居民收入差距划分为三个组成部分，即城乡间居民收入差距，区域间居民收入差距以及行业间居民收入差距。

（一）行业间收入差距

中国居民收入差距很大程度上受到行业因素的影响。不同行业具有不同的平均收入水平，且行业间的收入水平差距十分惊人。改革开放之后，行业间职工平均工资差距经历了减小又扩大的不断反复波动的过程，但整体趋势呈现上升态势，且在近年扩大趋势出现了加剧倾向。行业职工平均工资最高最低比例从 1978 年的 2.18 倍降至 1988 年的 1.57 倍，1988 年后差距迅速扩大，1995 年至 2009 年间我国城镇单位就业人员平均年工资从 13969 元增加到 32244 元，增长了约 2.31 倍。作为比较，参考行业本身的情况，笔者通过相关数据发现在相同时期内就业人员平均年工资最低行业与最高行业的差额从 23965 元扩大到 43798 元。具体行业的分类中金融业为 60398 元最高，广义农业为 14356 元最低，二者比例突破 4 倍。近年行业工资差距总体扩大的速度远高于从业人员平均工资增长的速度，成了行业收入差距的重大体现。

除了行业生产的自身特征，行业的市场地位与外部性问题也对收入差距造成了影响。例如垄断行业的垄断利润、额外收入和非市场化

补助均造成和加剧了不同行业间的收入差距。

（二）区域间收入差距

由于地理因素、气候因素、历史因素、资源因素等客观与主观条件的影响，中国整体的经济版图呈现三大区域构造——东部经济发达地区、中部经济相对欠发达地区以及西部经济相对落后地区。改革开放以来三大地区之间的经济发展状况差距显著，居民的收入差距也与整体经济状况一致呈现分化状态。笔者收集了国家统计局近年我国东、中、西部居民家庭基本经济收入状况的统计数据，东部地区近年城镇居民平均全部年收入突破 23150 元，而对比之下西部仅 15523 元，东部是西部的 1.49 倍。

以恩格尔系数为参考标准分析生活水平，在区域分布上东中西呈现递增的趋势，相当程度上反映出东部、中部、西部的人民生活水平的层次差异。由于资源的分布与经济发展水平的差异，东部、中部、西部的资源集中度、资源利用率以及创造出的生产价值均有较大差别，加之三大区域内部具有明显的产业结构和行业分布差异，这种差异导致三大区域与全国的整体居民收入水平呈现显著差距。

（三）城乡间收入差距

在行业收入差距与区域之间的收入差距之外，同一区域内部的城乡收入差距也值得我们重视。城市与农村经济由于自身产业特色、资源集中特征以及基础设施的支撑能力不同而形成了总体经济发展状况的差异，这一差异进一步映射在收入差距上。根据国家统计局的相关统计数据，1978 年城镇居民家庭人均可支配收入为 343.4 元，农村居民家庭人均纯收入为 133.6 元，城镇是农村 2.57 倍；2000 年城镇居民家庭人均可支配收入为6280元，农村为2253.4元，城镇是农村的2.79倍；2009年城镇居民家庭人均可支配收入为17174.7元，农村为5153.2元，城镇是农村的3.3倍。根据以上数据分析可以发现改革开放以来城镇居民与农村居民家庭收入的对比看，总体趋势上无论是绝对值差距的比较还是比值的变化，城乡之间的居民收入差距都呈现不断扩大的趋势。

二、中国居民收入差距成因

（一）体制制度因素

体制制度因素在当下中国的经济环境下对居民收入差距起到主导影响力量。最直接的改革是企业工资分配制度，伴随着现代企业制度改革而同步推行，企业工资分配制度在提高企业运行质量的同时也造成了收入结构的分化。企业内部改革后的工资决定机制以及分配机制使得员工之间形成了相对明晰的工资等级划分，从而一定程度上扩大了收入差距；另外现代企业改革过程中推行产权多元化与股权分置改革，并且积极推行破产关停举措，硬化预算约束与规范企业市场行为的同时也导致了员工根据生产力的高下出现分流，收入差距在企业关停与员工流动的作用下进一步扩大。

影响居民收入的因素中发挥二次分配作用的财政收入政策也是当下居民收入差异的重要诱因之一。所得税类和财产税类的变化会影响资本拥有者和劳动提供者之间的分配关系，造成利益集中向资本拥有者流动，这一情况下制度的不健全和改革滞后于整体经济制度发展导致收入差距无法有效缩小，社会总体的生活水平无法得到切实保障。

无论是城镇还是农村，当下的财政税收政策的公平性依然没有得到切实实现。根据相关数据分析 1995 年农村居民人均收入仅为城镇居民的 40%，但负担的人均税收额却相当于城镇居民的 30 倍。不仅农村与城市之间存在税收负担分配的极大不公平，农村内部的分配不公也十分严峻，农村税收多以人数摊派，总体税收制度具有一定的累退特征，导致城乡居民收入出现较大差距。

最后一点是历史遗留的政策因素，即重工业主导政策与赶超战略。中国在改革开放前期在社会主义经济建设的过程中逐渐摸索，由于国内国外的外交、政治、军事、经济情况，国家推行侧重重工业发展的国家战略与赶超型战略，这一国际政策方向决定了产业结构将在较长时期内受到不利影响，资本向重工业产业部门集中并且易出现能耗高，技术进步慢等局面。重工业战略与赶超型战略也造成了收入分配在产业行业分配不均的情况。

（二）总体经济环境因素

经济环境因素的突出点在于垄断等市场失灵因素。当下中国的高收入集中于高垄断行业，如油气化工、电力电信、金融业和公共服务行业等，垄断情况下竞争缺失导致国有财产增值部分相当一部分成了垄断利润分配给垄断行业的从业人员。需要注意的是职员们获得的高收入是与其劳动能力与劳动创造价值不相匹配的等价交换，只是垄断行业自身特性给从业人员带来的非市场化定价机制。同时非货币性与货币性的补助与津贴也是垄断行业的突出特征，收入与企业的盈利状况不挂钩，只是在侵蚀国有资产的过程中提高员工的收入。这就为居民收入的差距提供了有说服力的解释。

当然，高度的垄断经济是无效率的，但是完全自由开放的市场也会带来混乱与弊病，这就对有政府合理适时干预的市场经济提出了较高的要求。行业完全开放的条件下，经过激烈的市场竞争之后，平均利润率下降，进入市场与退出市场的过程趋于相对静止，整个行业收入的增长速度就会逐渐缓慢直至趋于均衡稳定状态，如广义农业平均工资长期处于较低的相对水平；不同行业在市场竞争过后都会趋于本行业在相当时间区间内的均衡状况。在市场经济条件下会形成行业间的收入差距。加之我国市场经济发育尚不完善，市场化市场机制尚不成熟，政府干预与指导作用在短时间内又无法达到合意的尺度，由此进一步扩大了行业间的收入差距。

最后的经济因素是非农产业的发展。由于农业技术水平与经营管理水平的不断提升，一体化生产、工厂化管理、标准化运作不断推动非农产业的迅速发展，大宗农产品之外农副产品与经济作物得到了越来越多的重视。非农收入在农户收入中所占比重逐渐提高，但是鉴于非农产业发展在不同地区的发展具有不同层次与特点，不同的农户所拥有的生产资料与具有的生产能力不同，导致农村内部居民收入差距的不断拉大。

（三）金融系统因素

资本流动是金融系统协调有序运行的基础，是影响国民经济发展与资源配置的关键因素，资本健康流动下的金融体系也是决定居民收入分配合理性公平性的关键力量。

金融体系也具有较大的风险因素，即存在地区性世界性金融危机和汇率波动的影响。金融危机的产生会导致物价水平波动，进而引发劳动者工资水平与生活水平下降。在市场产品供给与需求无法达到均衡状态时，国家货币的汇率就会发生波动震荡，贸易商品的出口会受到相当程度的联带效应，从而影响国际贸易相关产业行业劳动者与从业人员的收入与薪资水平，通过供给需求的传导机制又会对就业以及劳动力价格产生一定的影响。这一连串的影响最终导致居民收入结构的异动与生活水平的异动。

金融体系另一个影响对象是实体经济的发展与资源配置。居民的储蓄状况包含储蓄量与储蓄意愿，储蓄量决定了可贷资金市场的资金供给，资本根据趋利性在国民经济各部门逐渐向高回报移动并集中。在这一过程中，金融体系调节国家的生产资源配置与要素流动并且推动经济增长，而经济增长作用于产业发展结构，进而对国家的收入分配带来一定的影响，健康运作的金融系统能够帮助建立健全社会保障制度。但是目前我国资本市场仍然是相对封闭的，与国际金融体系的接轨度仍然不够，对资源配置的调节作用十分有限。金融系统的部分国家垄断部门对资本流动的限制也导致了资源无法得到有效的配置，造成经济效率的损失与居民收入差距的不合理扩大。

（四）教育与人才质量因素

在健全运行的劳动力市场上，人力资本始终是决定薪酬、总体收入结构与收入差距的主导因素，劳动力的受教育程度、经验、能力等人才衡量标准是导致城镇居民收入差距拉大的重要因素。教育背景、年龄、专业技术水平、性别、从业经验等均在劳动力市场成为人才流动与人才选择的标准。改革开放以来的经济发展过程中居民的职业层级、教育背景和就业行业受到市场收入分配越来越高的关注度，成为造成中国居民收入差距的主要因素。拥有符合企业需求的年龄、经验、能力与教育等人力资本的劳动力自然会受到优先的录用，在市场化逐步推进与市场竞争逐渐放开的过程中人力资本对工资收入的决定作用逐渐增强，教育成了提升个人人力资本的投资，而且这一投资的回报率正逐渐增加；相应的，专业技术人员与高科技高智力研究型人才的重要性和在劳动力市场的地位也在逐步体现。

当下中国的劳动力市场发展状况依然存在很大的局限性，对于居民收入差距的公平化作用力量依然不足够。如果不能真正建立健全市场机制作用下的劳动力市场，劳动者就无法真正实现根据自身人力资本进行的自由流动，工资的市场化决定机制就无从实现。这种劳动力流动市场化的不足导致劳动力市场的供求失衡，易出现结构性失业；同时劳动力的收入与其生产能力与价值创造能力无法匹配，造成效率的低下与居民收入差距的不合理扩大趋势。

（五）生产技术条件因素

随着改革开放以来经济发展环境的变化，技术在经济发展过程中的地位与作用越来越突出。工业化早期的劳动力密集型发展，中期的资本密集型发展到后期的技术密集型发展，技术创造的价值所占的比重越来越高。新兴产业和以知识、技术为主要特征的高新技术产业的从业人员收入，近几年也伴随着行业发展而迅速增长。新兴产业与高新科技产业的特征是创造能力要求高、智力人才要求高、成长快、周期长、高风险、高收益，其迅猛发展可以为社会创造巨大的社会效益和经济效益，这也就决定了在市场化条件下从业人员拥有相对丰厚的等价收入，同时也对从业人员的技术水平与研究研发能力提出了较高要求。人员素质、前期资金、研究时间、高强度工作、快节奏生活、压力和精力等机会成本都体现出从业人员的收入与所付出的劳动和做出的贡献是相对应的。在这样的情况下，生产技术作为一项门槛自然地将劳动力实行了划分，生产技术在推动社会经济整体发展，带动居民收入整体增长的同时也通过行业从业人员的入门筛选扩大了居民收入水平的差距。

三、中国居民收入差距对策

结合本章前部所述关于中国居民收入差距的现状与相关原因分析，笔者将结合产生或扩大收入差距的一系列原因，针对中国目前的国情与经济发展阶段，进行相关政策的探索与建议。

（一）工业化与扩大技术投入

中国目前的经济发展尚未达到工业化的发达时期，工业化的路途依然漫长而艰辛。国家应坚持不懈致力于工业化的建设与推动，在稳定中国人口的同时，逐步降低劳动力主导型产业的比例，提高资本密集型产业与技术密集型产业在国民经济中的贡献比重。同时调整相适应的产业结构，协调好第一第二第三产业的结构布局的基础上提高产业高度，赋予中国经济新的增长动力。只有在整体经济持续向好的前提下，把蛋糕做大，才能具备公平分配、缩小收入差距并且提高国民生活水平的基础。

另外，要扩大在各个产业的技术投入。科学技术是第一生产力，只有科学技术得到了长足发展，经济结构才能获得整体性提升进步的潜力，分配结构才能更趋合理化公平化，才能在市场机制的带动下缩小居民收入水平的差距。

（二）加大基础设施建设支持

基础设施建设是国家与地区经济发展的物质基础，城镇经济与农村经济的差距扩大以及地区间的收入差距扩大在很大程度上都是基础设施建设不到位导致的。笔者认为国家应该对东部、中部、西部各地区的城镇、农村经济发展开展广泛基层调研，深入了解地区经济发展与收入水平的实际情况。之后结合调研的实际情况针对地区经济发展状况与发展战略，给予基础设施建设方面的国家财政资金扶持。具备了基础设施建设的提升和相应的物质基础，地区经济才能巩固持续发展的坚实基础，整体经济发展与收入提升才具备了前提。另外，伴随着基础设施建设的完善，很多原本囿于生产资料的匮乏和生产物质条件不到位而无法实现经济效益最大化的劳动者与生产方，就可以将生产能力与生产质量提升到最高，在相当程度上提升劳动创造的价值与收入水平，做到收入差距的缩小与公平化。

（三）社会保障机制完善

社会保障机制是收入分配合理化与收入差距缩小的直接作用力量。一个国家的社会保障水平包括社会保险、社会救助、社会福利、慈善事业等多个方面，保障水平高低直接影响人民的生活水平以及生产效能。近年来，我国全面健全的社会保障体系尚未形成，就业保障、医疗保障、养老保障等社会保障机制有待完善，相关的社会冲突与矛盾依然激烈。笔者观察到当下中国中低收入者占据了最大的比重，因而国家应该将关注点集中于广大中低收入者劳动群众，着力强化对应的社会保障政策扶持与制度创新，建立普适性社会保障制度拓宽政策的覆盖群众范围。

加强外部法制建设也是必要的，以法律文本的形式规范社会保障机制的资金来源以及资金监管方法，设立相关的专职监管机构，使得社会保障基金内部获得最大的稳定性。只有如此才能有效防止居民收入差距的进一步扩大。

（四）竞争机制与市场化

中国想要工业化得到长足发展，必须加强坚持市场化改革路线。除国民经济和国家安全所必要的国家垄断外，应当要尽快清除各种市场准入壁垒，最大限度地引入竞争，逐步鼓励社会和私人资本流动进入市场、退出市场、参与竞争从而有效缩小行业之间的过大的收入差别。

从制度上讲，应制定相关法律法规如监督办法、管理办法、公开办法、管理规章制度以及价格决定办法，针对垄断性企业的市场行为与企业决策制定相关监管机制，用法律手段推进市场化与竞争机制的相关管理和监督。要加快建立并坚持完善现代企业薪酬制度，根据政策完善按劳分配为主体、多种分配方式并存的分配制度，建立工资正常增长机制防止工资增长过快，以此缩小行业间不合理的收入差距。

（五）地区特色化专业化发展

根据国际贸易理论，国际市场上的不同地区不同国家在某一领域会具有自身的比较优势，国际生产与贸易应根据自身的比较优势与专业化特征开展特色化发展。这一理论不仅适用于国际贸易，对于国内市场也适用。东部、西部、中部在产业结构、技术结构等方面具有不同的机会成本与经济效益，东部应致力于金融商贸与服务业，中部应致力于工业制造业与采掘，西部应致力于特色农业与旅游业，只有不同地区结合自身的经济条件与发展特色开发出属于本地区的发展战略，才能在该行业实现专业化生产与经验能力的积累突破。如此，各地区在所重视所适合的领域加大投入，积累经验与人才，实现各地区差异化特色化发展，最终能实现收入绝对量的显著提升与相对收入差距的缩小，实现整体经济高质量高效发展的同时实现收入差距的缩小与社会的公平与稳定。

（六）普惠金融为核心的金融建设

城乡居民在金融系统支持方面具有显著差异，鉴于金融系统在居民收入差距中的重要作用，笔者将针对城镇与农村进行分类讨论。城镇居民对于金融市场经验的掌握总结和资本市场心态的调整是其金融弱势所在。针对城镇居民可以通过银行业与非银行业金融机构共同开展金融投资经验的普及以及投资心态的指导，同时通过以蚂蚁金服为代表的普惠金融机构，为中小投资者提供信贷渠道，助力城镇与农村的双向金融经济往来，彼此达到供求的均衡状态，实现收入结构的相对均衡而非两极分化。

乡村的金融服务相对落后，但是金融服务需求水平并不低于城镇。笔者认为应该大力培育农村金融机构，建立吻合农村经济发展现状的且适合农村经济发展的金融机构，尤其是农业保险公司与农产品商品期货公司，通过农业相关保险与农产品套期保值操作帮助农民减少农户受到不可抗力潜在损失的可能性，巩固稳定农村经济发展的同时有效缩小居民收入水平差距。

（七）教育支持力度与人才管理

劳动力的受教育程度、经验、能力等人才衡量标准是导致城镇居民收入差距拉大的重要因素。教育背景、年龄、专业技术水平、性别、从业经验等均在劳动力市场成为人才流动与人才选择的标准。在当下中国经济逐步向高新科技产业转型的经济背景下，教育与技能加持的人力资本在促进收入分配平等方面承担着越来越重要的职能，其对应的学习积累过程与机会是提升人力资本的重要方式与提高收入水平、改善收入结构的关键。笔者认为国家应进一步巩固义务教育的推行，并且可以考虑在同等条件下增加中西部欠发达地区尤其是农村地区的中低收入者受教育的机会或适当延长义务教育年限，将教育缺乏地区的接受教育成本降至最低，提高人力资本并增强职业能力。通过教育为本，不同地区的教育侧重可以有效地实现人力资本的总体提升，达到缩小居民收入差距的目的。

（八）健全收入分配政策与税收调节

收入分配政策的制定与税收调节手段直接作用在二次分配的过程中。在收入的绝对增长方面，国家应该鼓励人们合法追求高收入，这是市场化条件下最有效率的措施，是对经济效益的激励。而在收入的相对均衡方面，应该根据政策提高低收入群体的收入水平，扩大中等收入者比重，取缔并严禁非法收入，调节过高收入，以此进一步缩小高收入者与中低收入者的收入差距。

收入分配政策之外合理税收政策的制定与调整也是必要的。现在中国尚未建立真正意义上的财产税，这是国家税收体系不完善的体现。笔者认为要开启并加强完善对居民财产税的征收，在目前的经济形势下开展征收并完善房产与不动产税、土地税、商品税和遗产税等项目的学术与实践论证，充分掌握各项税收政策实施后对实体经济的影响规模与作用方向，通过税收政策的调节减小高收入居民与低收入人群的居民收入差距，实现更大程度上的公平。